清远名村系列丛书

清远红色文化村

清远市史志办公室 编

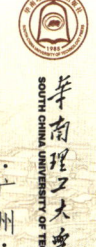
华南理工大学出版社
·广州·

图书在版编目（CIP）数据

清远红色文化村/清远市史志办公室编. — 广州：华南理工大学出版社，2023.12

（清远名村系列丛书）

ISBN 978-7-5623-7506-7

Ⅰ.①清…　Ⅱ.①清…　Ⅲ.①村史-清远　Ⅳ.①K296.55

中国国家版本馆CIP数据核字（2023）第244436号

Qingyuan Hongse Wenhua Cun

清远红色文化村

清远市史志办公室　编

出 版 人：柯　宁
出版发行：华南理工大学出版社
　　　　　（广州五山华南理工大学17号楼，邮编510640）
　　　　　http://hg.cb.scut.edu.cn　E-mail: scutc13@scut.edu.cn
　　　　　营销部电话：020-87113487　87111048（传真）
选题策划：王魁葵
责任编辑：邱　燕　骆　婷
责任校对：龙祈君
印 刷 者：广州市新怡印务股份有限公司
开　　本：787mm×1092mm　1/16　印张：13　字数：223千
版　　次：2023年12月第1版
印　　次：2023年12月第1次印刷
印　　数：1～1000册
定　　价：138.00元

版权所有　盗版必究　　印装差错　负责调换

"清远名村系列丛书"编委会

主　任：蔡少玲

副主任：李杰辉　　莫祖扬

成　员：黎志洪　　梁国强　　周亚环
　　　　成文友　　曾道明　　聂慧丽
　　　　周冬兰　　李学森　　刘　冰

"清远名村系列丛书"编辑部

主　编：蔡少玲

副主编：刘　冰　　黄春苗

编　辑：张嘉莉　　李　仙

《清远红色文化村》编写组

刘　冰　　黄春苗　　张嘉莉　　李　仙
朱健明　　王敏智　　周　航　　石振明
李协湖　　朱家佑　　李　凯　　潘俊峰
向雪欣

前 言

美在乡村，情系乡土。开发利用村落历史文化资源，传承弘扬乡土文化，推动广东乡村振兴，是史志系统发挥自身价值、践行文化自信的重要举措。

2015年起，清远市史志办公室根据广东省人民政府地方志办公室的部署，组织开展全市自然村落历史人文普查，全面摸清全市14542个自然村基本村情。普查项目包括村落由来、建置沿革、姓氏人口、生产经营、物产资源、人文历史、乡土人物等40个大项200个小项，为全面摸清清远乡村历史人文资源迈出坚实的一步。

以普查资料编纂的《全粤村情》（清远卷）和《清远古驿道》《清远家训》《清远乡土人物》系列图书陆续出版。在此基础上，清远市史志办公室从2022年起，选取全市各地特点突出的村落，策划、组织编撰"清远名村系列丛书"，对全市普查资料进行结构化开发利用，助力乡村振兴。

清远是一片具有光荣革命传统、充满红色记忆的热土。习近平总书记指出，红色资源是我们党艰辛而辉煌奋斗历程的见证，是最宝贵的精神财富，一定要用心用情用力保护好、管理好、运用好。2023年，清远市史志办公室将编纂"清远名村系列丛书"之《清远红色文化村》作为重点工作，把发生在清远各村落的红色历史"挖出来""讲出来"，把蕴含其中的红色传统和红色基因发扬好、传承好，提高村落知名度、影响力，提升当地群众参与红色文化传承的积极性和主动性，全面发挥红色文化引领发展的重要作用，助力乡村振兴，助推清远高质量发展。

丛书编辑部

2023年9月14日

目录

★ **清城红色文化村** 001

　　马头石村　　002
　　石板五村　　005
　　石板八村　　008
　　上黄塘村　　010
　　大围村　　013
　　下赤坭村　　015
　　谢屋村　　018
　　黄塘村　　020

★ **清新红色文化村** 023

　　庙仔岗村　　024
　　大坪村　　027
　　山心村　　029
　　大围村　　032
　　社墩村　　034
　　旧村　　036
　　江咀村　　039
　　大洲村　　041
　　珠坑村　　043
　　旧圩村　　045

★ **英德红色文化村** 047

　　潭洞村　　048
　　鸡姆湖村　　050
　　高枧村　　052
　　雅堂村　　055
　　亚婆石村　　057
　　板甫村　　059
　　江古山村　　062
　　龙华村　　065
　　金造村　　067
　　邬屋村　　069

★ **连州红色文化村** 071

　　荒塘坪村　　072
　　梁家村　　075
　　水口村　　078
　　天光山村　　081
　　新八村　　084
　　古街　　087
　　杨屋村　　090

001

★ 佛冈红色文化村　　093

宝结岭村　　094
高镇村　　097
青竹村　　100
甲名村　　103
官仓背村　　106
王田村　　109
石潭村　　112
存久洞村　　115
菱塘村　　118
田心村　　121
礼溪村　　124
课田村　　127
上潭洞村　　130
诚迳村　　132
官山村　　135
上黎村　　138

★ 连山红色文化村　　141

井头村　　142
新阳村　　144
铺头街村　　146
陆屋村　　148
陈屋村　　151

★ 连南红色文化村　　153

三洲村　　154
塘凼村　　156
中心岗村　　158
大石坪村　　160
金坑村　　162
安田村　　164
廻龙村　　167
老虎冲村　　170

★ 阳山红色文化村　　173

田心村　　174
沙坪村　　178
大围村　　180
小江街村　　182
高陂村　　184
江咀村　　187
黄垄村　　189
东坑坪村　　191
英明村　　193
河边村　　195
山塘村　　198

★ 后记　　200

清城 红色文化村

★ 清城区石角镇

马头石村

- 中共清远县（临时）工作委员会
- 清远县民众抗日自卫总队第十八大队

马头石村村貌（朱健明 摄）

  马头石村，位于石角镇东北部，距镇政府约10千米。始建于清乾隆年间，因建在一座形似马头的石山下而得名。马头石村人民具有优良的革命传统。从1938年冬开始，当地人民在中国共产党的领导下，建立共产党组织和抗日武装组织，成立国共合作的地方政权，发动青年参军参战，在打击日军、开展抗日救国斗争、保卫一方平安方面发挥了积极的作用。该村是抗日战争时期中共清远县临时工委所在地。1993年10月，马头石村（含中心、大屋、塘寮、广昌、五房、中屋和新屋7个村民小组）被广东省民政厅评划为抗日根据地村庄。

  1937年7月，抗日战争全面爆发，中共南方工作委员会（后改称中共广东省委）领导人张文彬，为恢复清远党组织和领导清远人民开展抗日救亡工作，于是年10月派共

马头石村

产党员万明、李云、王立志、樊和瑞以及清远当地党员钟罗（在广州入党的清远石角马头石村人）等人到马头石村开展革命活动。他们在尚德学校（设于子奇钟公祠内）以教师身份为掩护，向群众宣传党的抗日主张，开展革命斗争。1938年10月，中共广东省委派军委组织部部长冯扬武到马头石村，成立中共清远县临时工作委员会，工委书记为冯扬武，委员为万明、李云。1938年11月，中共广东省委调云昌遇到清远接替冯扬武的工作，批准成立中共清远县工作委员会，云昌遇任工委书记，万明、李云任委员。

党组织在马头石村建立中共清远县（临）工委后，接待了很多路过的党员和党的有关领导，马头石村成为党组织从广州北撤的中转站。同时，联系大革命和土地革命战争时期在清远隐蔽下来的赖德林、黄俊廉等共产党员，发展和吸收了一批新党员。工委委员还深入发动群众开展抗日救亡宣传活动，办识字班，教群众唱抗日救亡歌曲等，激发群众抗日热情，当时马头石村一带抗日气氛浓厚。

广州沦陷后，清（远）花（县）交界处（尤其是石角一带）成为北江沿岸抗日的最前线，工委决定成立抗日武装——清远县民众抗日自卫总队第十八大队。第十八大队的成立，有力地打击了地方"恶势力"，使清花交界处土豪劣绅和土匪危害乡民的事件大大减少，有效地维护了治安、稳定了群众情绪，确保抗日救亡活动正常进行。

中共清远县（临时）工作委员会旧址——子奇钟公祠（朱健明 摄）

2004年4月,老游击队员樊玉泉回到1938年抗日战争期间战斗过的马头石村调研,在临时工委旧址前留影(清城区老促会供图)

1939年春,陈汝棠领导的广东省第四路军护干班清远分队改为广东省难民救济总队第四分队,在石角回岐、马头石村、民安圩一带活动。他们在马头石村一带(后扩展到石角、回岐、山塘等地)向群众讲授战时救护常识,有效地减少了村民的伤亡。

(供稿、复核:清城区地方志办)

★ 清城区东城街道

石板五村

名片
- 清远第一个农民协会
- 文谟钟家祠
- 思源园

石板五村村貌（朱健明 摄）

　　石板五村，曾用名钟屋，位于东城街道中部，距街道办事处约3.9千米。石板五村是清远市著名的革命老区，成立了清远第一个农民协会——石板乡农民协会。村里的文谟钟家祠是石板乡农民协会的旧址，也是清城区文物保护单位。1957年，钟屋被评划为革命红色游击区。

　　1923年，清远县城地主豪绅与官府勾结，霸占了石板乡农民380亩良田。不甘心赖以为生的良田被掠夺，石板五村钟扬德、刘社德等带领村民反抗土豪劣绅的压迫，在庄稼成熟时抢收被霸占田地的庄稼。事发后，官绅联合镇压迫害为首的农民并给他

文谟钟家祠（周游 摄）

们冠以"聚众抢割暴乱"之罪，钟扬德、刘社德被迫外逃。1924年国共合作后，广东革命政府积极扶持工农运动，钟扬德、刘社德经律师介绍，到广州国民党中央农民部求援。该农民部领导彭湃、罗绮园、阮啸仙等明确表示支持石板乡农民反抗土豪劣绅的正义行动，指导和鼓励他们回乡发动农民，组织农民协会。钟扬德、刘社德回到石板乡后在文谟钟家祠召开村民大会，当时有23人报名参加农民协会。11月25日，石板乡农民协会正式

"清远县后岗石板乡农民协会"会旗（复制品）
（清城区老促会供图）

宣布成立，钟扬德、刘社德被选举为正、副委员长。在石板乡农民协会的影响和带领下，各地纷纷成立农民协会，清远的农民革命运动如火如荼地开展起来。

　　石板五村旁的石板小学内，建有纪念清城革命斗争历史的思源园。园内的思源室展览大厅陈列有石板乡农会犁头旗、印章、游击队的武器、游击队日常用品以及缴获的日军战利品等文物共70件。

思源园于2001年1月被中共清远市清城区委、清城区人民政府公布为清城区爱国主义教育基地，2004年12月被清远市精神文明建设委员会、中共清远市委宣传部公布为清远市第一批爱国主义教育基地，2007年12月被中共清远市委、清远市人民政府公布为清远市国防教育基地，2012年7月被中共清远市委公布为清远市第一批中共党史教育基地，2013年7月被中共清远市委组织部公布为党员教育基地。

思源园牌坊（朱健明　摄）

（供稿、复核：清城区地方志办）

★ 清城区东城街道

石板八村

名片

• 刘清烈士故居遗址

石板八村村貌（东城街道办供图）

　　石板八村，曾用名刘屋，位于东城街道中东部，距街道办事处4.3千米。1957年，刘屋被评划为革命红色游击区。

　　1924年冬，清远农民运动兴起，石板乡建立清远县第一个农民协会后，出生于1900年的石板乡青年刘清积极参与农会工作，到各地宣传农会宗旨和章程，发动农民参加农会，开展革命斗争。1925年初，刘清加入中国共产党，是清远县第一个在本地加入党组织的中共党员。同年4月，他参加广州农民运动讲习所（第四期），听毛泽东讲述革命真理。在学习期间，他参加了援助上海"五卅惨案"的反帝斗争活动，毕业后回县参与筹办县农会事务，任清远县农会党支部书记。

1927年，蒋介石发动"四一二"反革命政变后，刘清带领乡农会骨干转入地下并坚持斗争，同年11月根据中共广东省委部署，参与清远暴动组织发动工作。12月3日，刘清和其他同志在花县农军支援配合下，领导清远工农革命军独立团，攻打清远县城，俘获国民党县长陈守仁。广州起义失败后，刘清被国民党清远当局悬赏缉捕，他与党组织失去了联系。然而，他仍然坚定革命信念，带领部分农军骨干坚持武装斗争（加入笔架游击队），后遭国民党县警备队围捕，得群众帮助才脱险，辗转到香港继续进行革命活动。1928年2月，刘清奉命随叶文龙回北江执行秘密任务，在清远县横石北江岸边准备雇船北上时，被当地反动民团检查发现，与叶文龙同时被捕，被押回县城，遭严刑审讯，仍坚贞不屈，最后被杀害于西门岗，牺牲时年仅28岁。为纪念刘清烈士，清远市老促会联合东城街道办事处于2019年将烈士故居遗址（原有建筑物于20世纪80年代已全部倒塌）辟建为刘清烈士纪念广场。

刘清烈士纪念广场（朱健明　摄）

（供稿、复核：清城区地方志办）

★ 清城区横荷街道

上黄塘村

- 车头岗农民协会
- 农运领袖黄俊廉
- 红色记忆馆

上黄塘村村貌（横荷街道办供图）

  上黄塘村，位于横荷街道南部，距街道办事处约8千米。在大革命时期、抗日战争时期和解放战争时期，上黄塘村都为革命做了不可磨灭的贡献。1957年，上黄塘村被评划为革命红色游击区。

  1925年初，广东省农民协会派宣讲队员冼一宇到上黄塘村发动和组织农民运动。1926年2月，成立车头岗农民协会，黄俊廉担任执行委员长，委员有黄翼云（兼秘书）、杜瑞云、杜绍荣、杜桂芳；一个月后，八区农民协会成立，黄俊廉任区农民协会委员长。1926年4月，上黄塘党支部成立，黄俊廉任支部书记；6月，清远县农民协会成立，黄俊廉被选为县农民协会执行委员长。

清远县农民协会成立后，各地纷纷组织农民自卫军。上黄塘农民自卫军由黄翼云任队长、黄俊鸿任小队长。农民自卫军开展反土豪劣绅斗争，在全县率先对该村位于大河塘的官产田实行"二五减租"；积极参与由县农会组织的支援广宁

广东清远县农民协会会员证章（清远市博物馆供图）

思源亭（朱健明 摄）

农友、清远太平农友打击当地土豪劣绅活动。1927年1月，上黄塘农民自卫军参加农民自卫军模范大队抗击地方反动民团破坏的行动，先后在太平、马鞍岗等地与潘伯良反动民团作斗争，战斗十余次。虽然农民运动后来遭到反动派破坏、镇压，上黄塘村被洗劫一空，农民运动领袖黄俊廉和其他革命同志也被迫出走隐蔽起来，但革命的火种已在当地扎下根。抗日战争时期，上黄塘村成立"抗敌协会"和"抗日救护队"，从事抗日武装活动；解放战争时期，上黄塘村建立的交通站和"抗征队"成为游击队的秘密据点和一支武装力量，且该村和附近村庄的30多名青年参加游击队。

为铭记老区革命光辉事迹，上黄塘村于2007年修建了思源亭，上黄塘村所在的车头行政村于2015年在村委会办公楼旁辟建了车头村"红色记忆馆"。车头岗农会遗址于1978年被清远县人民政府公布为文物保护单位，2011年11月被公布为清远市清城区不可移动文物。

（供稿、复核：清城区地方志办）

★ 清城区飞来峡镇

大围村

名片
- 抗日游击地村庄
- 文洞游击队
- 文洞革命根据地纪念碑

大围村村貌（朱健明　摄）

　　大围村，位于飞来峡镇西北部，距镇政府约27千米。大围村隶属于文洞行政村，是清远著名的革命老区根据地村庄，村中有连江支队第四团独立第一中队指挥部和东江纵队西北支队文洞指挥部两处革命遗址。1957年末，大围村被评划为抗日游击地村庄。

　　处于群山环抱之中的高田文洞，南连笔架山且经由附城江埗通清城，北靠滨江山地出鱼坝而通英德，东出高田、横石而面临北江。此地山高林密，地势险要，回旋余地大，是一个建立革命根据地的理想地方。1940年初，中共党员练铁在大围村建立清远县军民合作站文洞分站，并深入发动群众，发展了一批党员，成立了文洞党支部。1945年5月，东江纵队西北支队和清远县抗日同盟大队（又名广东西北区抗日同盟军大队）进驻文洞，支持当地党组织成立乡农会和以张耀伦（大围村人）为队长的文洞游击队，建立文洞抗日根据地，发动群众进行减租减息运动，并团结抗日。6月初，文洞农民协会成立，张五常（1948年牺牲，1957年被追认为烈士）任主席。解放战争时期，西北支队派钟文清到文洞，与坚持在文洞的张耀伦等18人组成武装小分队，恢复武装斗争。

1947年1月，中共粤桂湘边区工委派中共清远县委副特派员方君直到文洞，与文洞游击队一起巩固和加强文洞革命根据地建设。同年9月，广四清边区负责人马奔按照中共粤桂湘边区工委的战略部署，派副大队长冯开平率一支50余人的英清边挺进队，配备机枪两挺，进入清远文洞，与张耀伦分队合编，并动员原东纵西北支队在文洞、黎洞复员的战士归队，成立英清边独立中队。1947—1949年，文洞革命根据地多次抵御国民党军队的扫荡，在斗争中不断巩固、发展和壮大。1948年5月，英清边人民解放大队成立，原张耀伦队改编为文洞中队；1949年4月，文洞中队改编为连支四团独立第一中队，即文洞独立中队。1949年10月13日，解放大军经横石、高田，向清城进军。文洞独立中队的小部分队伍由张耀伦、张焕率领，做好修路、带路和后勤供应，代管大军沿途缴获的军用物资；大部分队伍则由张祥、陈川带领，在横石墟与南下解放大军会合，从水路进发参与解放清城的战斗。

为缅怀革命先烈，2000年在大围村东南面建成文洞革命根据地纪念碑。纪念碑于2011年11月被公布为清远市清城区不可移动文物。

文洞革命根据地纪念碑（朱健明 摄）

（供稿、复核：清城区地方志办）

★ 清城区飞来峡镇

下赤坭村

名片

- 抗日游击区村庄
- 中共北江特委文洞党训班旧址
- "堡垒户"

下赤坭村村貌（飞来峡镇政府供图）

　　下赤坭村，位于飞来峡镇西北部，距镇政府约23.5千米。中共北江特别委员会（简称北江特委）文洞党训班旧址就在该村。1957年，下赤坭村被评划为抗日游击区村庄。

　　1941年6月，中共北江特委在下赤坭村三妹坑（地名）张社扬家举办党训班。此处远离居民区，且单门独户，非常适合进行革命活动。第一期参加党训班的人员是北特管辖的各县新党员43人（其中女性10多人），其中包括清远的新党员朱志明等，党训班主要学习内容为马列著作和毛泽东著作，时间为一个月。该班由金阳主持，协助办

中共北江特委文洞党训班遗址（清城区地方志办供图）

班的还有李福海、梁庄仪、蔡莹等。张社扬在这期党训班中为学员的生活所需做了大量工作，被吸收为中国共产党党员。之后，清远县委又在此地举办了一期15人参加、为期15天和二期10人参加、为期10天的培训班。党训班的训练提高了干部素质，扩大了政治干部队伍。

党训班遗址原为一座三间两廊民居，石头夯土墙，悬山顶。"大跃进"时期，张社扬一家迁往下赤坭村建房定居，旧居于20世纪七八十年代被拆除。

张社扬家是抗日战争时期文洞山区的革命"堡垒户"。从1940年起，他家就成为中共地下党员到文洞工作的联络点。1944年春夏间，国民党军队进山搜捕共产党员，有一名同志来不及撤出，仍藏在他家阁楼上，张社扬的父亲张四机智地骗走了敌人，使该同志安全脱险。1945年7月27日，国民党军队对文洞进行"大扫荡"，张四为埋藏地下党员存放在家里的数百本马列书籍和印刷材料而来不及离

1983年1月出席中共清远县革命斗争史座谈会全体同志合影,五排右二戴帽者为张社扬(老照片)(清城区地方志办供图)

开,被当场杀害。

此外,该村村民张容生(1926—1948),曾任中国人民解放军粤桂湘纵队连江支队第四团独立第一中队班长,1948年在清远鱼坝沙罗坑剿匪时牺牲。

1957年10月,清远县成立革命老区根据地建设委员会,开展评划老区工作,张社扬家被评为"堡垒户"。

(供稿、复核:清城区地方志办)

清远红色文化村

★ 清城区飞来峡镇

谢屋村

名片

- 解放战争游击根据地村庄

谢屋村村貌（飞来峡镇政府供图）

　　谢屋村，位于飞来峡镇西北部。在抗日战争和解放战争时期，谢屋村所在的西坑行政村人民在党组织的领导下，建立民主政府，成立农会和民兵组织，发动群众参军参战，开展各项斗争，为抗日战争和解放战争的胜利做出了贡献。1994年8月，谢屋村被广东省民政厅评划为解放战争游击根据地村庄。

　　1945年6月，在东纵西北支队和抗日常备中队的策划和组织下，成立咸泰乡抗日民主农会，同时建立有10多人的民兵组织。在农会和民兵组织的发动和领导下，开展了

革命斗争时期西坑游击战士遗留的武器、子弹（飞来峡镇政府供图）

反"三征"和"二五减租"等各项斗争。民兵还协助游击队站岗放哨、护送情报等。1947年1月，在农会的动员下，西坑先后有18人参加游击队。1948年5月，西坑民兵和革命群众共30多人，手提肩挑运送枪支弹药到鱼咀，支援连支四团打击国民党军队，并取得了胜利。1949年2月，西坑村又组织了20多人，出动了8条山坑船，运粮及其他军需物资到清城，有效地支援了游击队。

（供稿、复核：清城区地方志办）

清远红色文化村

★ 清城区凤城街道

黄塘村

名片

- 附城武工组
- 革命老区游击根据地村庄

黄塘村村貌（朱健明 摄）

　　黄塘村，位于凤城街道东北部，距街道办事处约6千米，含黄塘东和黄塘西2个村民小组。1993年，黄塘村被清远市人民政府评划为解放战争游击根据地村庄，是沙田革命老区游击根据地村庄之一。

　　1948年春，中共党组织指派附城武工组到达黄塘、上田心等村庄，在广泛宣传和发动群众的基础上，成立了民兵小队。民兵们在主要的交通要道站岗放哨、搜集情报、监视敌人，积极配合武工组开展杀敌锄奸的斗争。

　　从1948年底到1949年春，国民党军队几次进犯时，民兵的及时发现，使当地群

黄塘村

众能够安全转移。1948年秋，建立了笔架农会（当时沙田属笔架联城乡），黄塘村的邓才桂、上岭村的廖华新成为农会的骨干和领导。农会成立后，组织群众进行反"三征"（征粮、征税、征兵）的斗争。游击队在该村活动期间，当地群众常常冒着生命危险，为游击队送粮、油、火柴、盐等生活用品。其中黄塘村的村民邓新贵、邓虾头、邓杏林、邓锐等给游击队捐献大米等物资，支持革命活动。

中华人民共和国成立后，尤其是在改革开放后，沙田革命老区人民在党和政府的领导、支持下，利用本区域毗邻市区的地理优势，大力发展农村旅游业和工商业，使经济高速发展，人民生活水平不断改善和提高。

（供稿、复核：清城区地方志办）

清新

红色文化村

清远红色文化村

★ 清新区太和镇

庙仔岗村

- 庙仔岗农会遗址
- 清远县第一支抗日武装队伍成立之地
- 庙仔岗烈士纪念碑

庙仔岗村村貌（罗炜彬　摄）

　　庙仔岗村，位于太和镇西部，距镇政府约10千米。建村时村前山岗上曾有座小庙堂而取名庙仔岗村。大革命时期，庙仔岗村是清远农民运动的发源地之一，全面抗日战争和解放战争期间，是中共领导的革命武装在清远活动的主要区域之一。

　　1925年，庙仔岗村的共产党员赖松柏从广州农讲所学习结束回家乡后，和赖彦芳等人先后发动家人及庙仔岗、灯盏岗、车公咀的农民，成立庙仔岗农会，农会机关和活动中心设在赖松柏祖屋。在赖松柏等人的发动下,清远县农民运动蓬勃发展,1926年6月,随着清远县农会的成立,清远县确立县、区、乡三级农会,其中,区农会3个,乡农会122个,会员9587名。庙仔岗农会是3个区农会之一。庙仔岗农会遗址位于赖松柏故居前的空地处,现遗迹无存。

1940年冬,中共北江特委在庙仔岗村举办了一期党员干部训练班。1944年,清远县委机关搬到庙仔岗,在庙仔岗组建清远县第一支抗日武装队伍——北江第二挺进纵队第三大队第九中队,赖德林被任命为中队长,清远县委书记何俊才任政治指导员。

赖松柏(1901—1928),是庙仔岗村第一个加入农会的青年。1924年参加清远县农民运动。1925年1月,在第三届广州农民运动讲习所学习并加入中国共产党。学习结束回县后,组织农会,开展农民运动。1927年参加八一南昌起义。1927年10月被选为中共广东省委委员,任清远工农革命军独立团团长,1927年12月发动了清远农军暴动。1928年4月被叛徒出卖,逮捕后被国民党反动派枪杀,牺牲时年仅27岁。

赖松柏(清新区史志办供图)

赖松柏烈士故居,始建于清末,位于赖氏祖屋后,为单间房屋,赖松柏就出生于此。该屋坐北向南,占地面积110平方米,原为三间两廊,灰砂夯筑墙,为杉木结构瓦屋。大革命时期,曾被反动民团放火焚烧,全面抗日战争

赖松柏故居(杨水坚 摄)

爆发后又遭日军破坏。历经战乱及岁月变迁，该屋现只留下一"井"房间，占地面积20平方米，墙脚墙身均保留着原始结构。

村中有庙仔岗烈士纪念碑，始建于1975年，2011年重建。碑高7.68米，碑身用花岗岩建造，重达27吨。庙仔岗烈士纪念碑于1995年被清新县人民政府公布为县级文物保护单位，被清新县委宣传部公布为清新县爱国主义教育基地。2012年7月，庙仔岗烈士纪念碑与清新区革命斗争历史陈列室一起被中共清远市委确定为清远市第一批中共党史教育基地。2021年1月，庙仔岗烈士纪念碑被清远市文化广电旅游体育局公布为清远市首批不可移动革命文物。

庙仔岗烈士纪念碑（钟洁华　摄）

（供稿：黄雪蓉；复核：王敏智）

★ 清新区太平镇

大坪村

名片

- 苏陶旧居
- 大坪村烈士墓

大坪村村貌（谢云龙 摄）

大坪村，位于太平镇西北部，秦皇山区鹅公髻山半山腰的一个大草坪上，距镇政府约13千米。村前有一口长方形的池塘。因村前有一个大草坪而取名大坪村。1994年8月13日，大坪村被清新县人民政府评为革命老区村。

大坪村为连江支队三团团部的驻地，1946—1949年，苏陶曾在此居住和办公。特别是1948年4月后，苏陶曾兼任中共清远县委书记、广四清花三边区县委书记等职务，时常在此处理公务。苏陶旧居，位于该村廖氏宗祠右侧的廖东林祖屋。该祖屋已有百年历史，是传统客家三间两廊格局的泥房，建筑面积144平方米，后兄弟分家，现仅剩一厅两房一廊，建筑面积约91平方米。1995年重建时改为一进单间。现屋内仍有当年苏陶用过的桌椅等家具。

大坪村山岗，为连支三团哨站遗址，位于大坪村东北方100米处。解放战争时期，连支三团在廖氏宗祠右前方的小山岗上设有哨站，派专人放哨，与村后的鹅公髻山顶瞭望台遥相呼应。瞭望台一旦发现敌军动态，立即通知哨站，再由哨站通知大坪村的部队做好撤退或临战准备。该哨站和瞭望台是用竹木搭建而成，现遗迹无存。后村民自筹资金维修了到达瞭望台遗址的小路，并平整瞭望台场地，插上红旗，以作纪念。

大坪村烈士墓，位于该村西北80米处。该墓为合葬墓，葬有解放战争时期牺牲的连支三团战士谢木荣和谢木生，二人皆是肇庆市四会县（今四会市）人。谢木荣于1948年9月在太平北坑作战时牺牲。谢木生于1949年在江屯作战时牺牲。后部队将二人合葬于大坪村。烈士墓为一土坟，没有碑文，现种满茶树。

（供稿：黄雪蓉；复核：王敏智）

★ 清新区太平镇

山心村

名片
- 中国人民解放军粤桂湘边纵队司令部旧址
- 中国人民解放军粤桂湘边纵队秦皇山根据地纪念碑

山心村村貌（罗炜彬 摄）

　　山心村，位于太平镇西北部，距镇政府约20千米，东、北面的各一条河流，在村庄中央汇聚成自东向西流去的山心坑，相邻自然村有北面的下桂村、南面的冬瓜坝村。山心村坐落于秦皇山区山间盆地，四面环山，故名山心村。该村是解放战争游击区，并涌现出钟惠民、钟锦霞等革命烈士。山心村革命遗址有中国人民解放军粤桂湘边纵队司令部旧址，该旧址于2011年6月被公布为清新县不可移动文物。

1948年10月，粤桂湘边纵队主力从广宁转移到清远秦皇山游击根据地，并以山心村的起振钟公祠作为司令部驻地，主要作为游击队收发电报、情报以及人员住宿的场所。在人民群众的支持下，部队逐渐发展壮大，游击区域从秦皇、南冲迅速向滨江及清东、清西平原地区扩展，并粉碎了国民党反动派的多次"清剿"，狠狠地打击了国民党反动势力。1949年3月19日，粤桂湘边区工委军委在清远县秦皇山的山心村召开干部会议，会议中制定了行动方案——决定集中使用兵力，有计划地展开军事斗争，歼灭敌人，提高军威，从战斗中扩大主力。1949年10月13日，边纵司令员兼政委梁嘉率领连支三团，配合中国人民解放军第二野战军第四兵团第十四军四十师解放了清远县城。

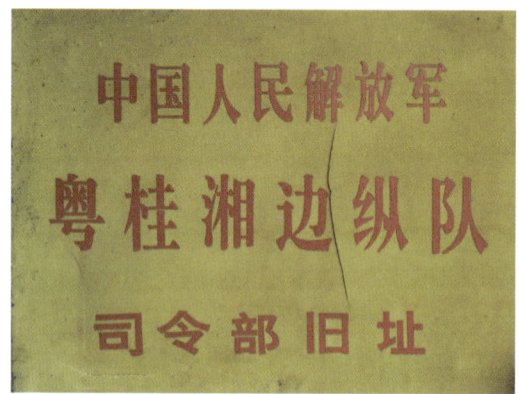

中国人民解放军粤桂湘边纵队司令部旧址——起振钟公祠（钟洁华　摄）

中国人民解放军粤桂湘边纵队秦皇山根据地纪念碑（徐作良　摄）

为纪念中国人民解放军粤桂湘边纵队、秦皇山根据地游击队和当地人民的革命斗争事迹，清新县委、县人民政府于2001年1月在山心村边岭上兴建中国人民解放军粤桂湘边纵队秦皇山根据地纪念碑。纪念碑坐西南向东北，建筑面积80平方米，碑高9.1米，用水泥洗石米砌筑碑身及纪念碑座基，正面刻着"中国人民解放军粤桂湘边纵队秦皇山根据地纪念碑"及碑文，碑顶有五角星。该纪念碑于2011年6月被公布为清新县不可移动文物，2004年12月被中共清远市清新县委宣传部公布为县级爱国主义教育基地。2019年6月，中国人民解放军粤桂湘边纵队秦皇山根据地纪念碑与秦皇山革命根据地纪念馆（2022年改为清新区秦皇山革命根据地事迹展厅）一起被中共清远市委评定为清远市第二批中共党史教育基地。

该村代表性人物有：钟锦霞（1902—1948），连江支队三团战士，1948年，在清远县太平晒布岗被逮捕后遭国民党杀害。二人均被追认为烈士。钟惠民（1927—1949），连江支队三团战士，1949年，在清远县沙河铁坑的战斗中牺牲。

（供稿：黄雪蓉；复核：王敏智）

★ 清新区三坑镇

大围村

- 解放战争时期游击根据地村庄
- 邓带安烈士纪念碑

大围村村貌（罗炜彬 摄）

  大围村，位于三坑镇东部，距镇政府约6.4千米，村庄坐西向东，与北面新屋村、西面唐屋寨、南面金楼村相邻，清西下运河在村西面流过。因该村是雅文邓氏开辟的第一个村落，也是最大的一个村落而取名大围村，曾用名雅门楼和雅文八队。1993年4月29日，大围村被清远市人民政府评划为解放战争时期游击根据地村庄。

  邓带安（1915—1949），曾用名邓安，三坑雅文人，1937年加入中国共产党，全面抗日战争期间在粤北地区从事过抗日救亡工作，也从事过地下党的工作，参加过革命武装斗争。1946年11月，邓带安参加广东省委举办的领导骨干训练班。1949年1月，邓带安被委任为粤桂湘边纵队连江支队三团下属武工队队长。1949年6月，邓带安带领十多名队员到三坑南山岗坳（今三坑泥围村）发动人民群众参加革命和筹集军备粮食。由于有个名叫汤恭的山塘土豪告密，国民党反动派趁黑夜包围南山。因敌我力量悬殊，邓带安遂带领全部队员撤离到后山，后发现装有党的机密文件和队员名单的公文包遗落在村里，于是带领两名队员回村中搜寻公文包，找回公文包后立即向后山转移，当走到麻仔堀的山沟时，被敌人围追上来。邓带安把公文包交给两名队员，嘱咐他们一定要安全回到部队，自己随后作掩护，把敌人引到另一方向的山沟里。敌人人多势众，很快就包围了邓带安。战斗中，邓带安不幸中弹牺牲。

1964年，当地政府在三坑雅文大围村旁边修建邓带安烈士墓，并立纪念碑。2019年11月，纪念碑进行修葺，在其周围建立围栏，重修后建筑面积为110平方米。碑高5米，底座高1.25米，宽1.25米。正面刻有"邓带安烈士永垂不朽"的字样。2011年6月，邓带安烈士纪念碑被公布为清新县不可移动文物。

2019年11月重新修葺后的邓带安烈士纪念碑（清新区史志办供图）

（供稿：黄雪蓉；复核：王敏智）

★ 清新区龙颈镇

社墩村

名片

• 解放战争游击根据地村庄

社墩村村貌（谢云龙　摄）

　　社墩村，位于龙颈镇西南部，距镇政府约37千米，北面与辣仔岽村相邻。社墩村始建于清朝中期，梁氏族人从南冲木古坑村分支迁至此地定居而形成。因村庄建在一个土墩坪上而取名社墩村。1994年8月，经广东省人民政府批准，该村被评划为解放战争游击根据地村庄。

　　梁正亨（亨伯）、叶瑞意夫妇是该村涌现出的革命志士代表。梁正亨（？—1951），民国时期开明士绅，为人仗义疏财，交友广泛，在当地有一定的威望。共产党武装组织连江支队在南冲活动期间，他家成为游击队指战员的落脚点，1947年6月5日攻打江屯的战斗就是在他家制定的作战计划，并由其夫人事前进行侦察。

1947年的一天，武工队队长廖四等三位同志在梁正享家中部署工作，恰逢国民党滨江联防中队队长陈赞华带人搜查，梁正享利用自己的身份，巧妙与陈赞华周旋，掩护廖四等人顺利脱险。当部队缺粮、缺枪支弹药、缺医少药时，梁正享经常出钱、出力为部队解困。

叶瑞意（生卒年不详），梁正享夫人，曾协助游击队完成侦察任务。1947年5月，游击队准备攻打江屯，考虑到梁正享熟悉江屯情况，与江屯杨徽乡的乡长龚鼎年有一定的交情，便决定由梁正享的夫人叶瑞意以"走亲戚"的名义，先后三次到江屯探查敌情。叶瑞意不负众望，出色完成了使命，为游击队提供了可靠的情报。1947年6月5日，游击队根据叶瑞意的情报，由冯光、马奔带队，攻打国民党政府江屯直属警察分队的驻地茶头行，击毙敌兵欧碧光、江海等数人，俘敌十余人，缴获步枪12支。

解放战争时期，连江支队曾在南冲一带活动，村民支持部队，为部队出粮出力；配合部队，在当地开展减租减息以及清匪清霸活动。

（供稿：黄雪蓉；复核：王敏智）

清远红色文化村

★ 清新区龙颈镇

旧村

名片

- 解放战争游击根据地村庄
- 南冲革命烈士纪念碑

旧村村貌（罗炜彬 摄）

　　旧村，位于龙颈镇西部，距镇政府约30千米，西南面与信记村相邻，南面与白石围隔河相望。旧村始建于明朝，因梁姓先祖梁福寿到此地谋生、定居而形成。因村庄建村较早，附近梁姓族人均由此分支出去，习惯上把原居地称为"旧村"，久而久之，"旧村"作为村名就取代了原来的村名并沿用至今。1994年8月，经广东省人民政府批准，该村被评划为解放战争游击根据地村庄。

1948年初,为了攻打驻扎在南冲的共产党游击队,国民党清远县长廖琪带领县警一百多人来到南冲,强迫当地群众出力和出材料在白石围后背山和南冲乡公所(白石庙)后背山各修筑一座炮楼,企图建好炮楼之后就派重兵驻守,控制南冲的游击活动,歼灭游击队。为了巩固根据地,游击队决定主动出击,对来犯之敌给予痛击。1948年2月4日晚,由廖信实带路,马奔率领部队分成两支战斗小队,一支小队攻打驻白石围大厅的陈赞华联防队中队,另外一支小队攻打驻白石庙南冲乡公所的廖琪带领的保警队,不料驻白石围的哨兵发现了游击队的行动,用机枪向小队扫射,双方随即交火,黎明时分游击队不敌,撤出阵地,担任突击队长的苏钜牺牲。此次战斗虽没重创敌兵,但对方也不敢继续在南冲逗留。第二天,廖琪便带领队伍离开,白石农会趁机组织群众把修建中的炮楼拆毁。

1953年,为纪念苏钜及在南冲白石战斗牺牲的17名烈士,在南冲白石庙建了一座高19米的纪念碑。1969年,纪念碑被迁至南冲敬老院楼侧并重新刻写碑文。2002年,再次迁至南冲小学运动场场边重建。重建后的纪念碑占地面积125.5平方米,碑身为方形,碑高21米。南冲革命烈士纪念碑于2011年6月被公布为清新县不可移动文物。

在解放战争时期,该村村民支持配合连江支队的活动,为部队出粮出力,涌现出多名革命志士。其中梁周

南冲革命烈士纪念碑(许伍 摄)

利用其南冲乡公所自卫班班长身份，经常把从乡长潘元庠处得到的情报秘密送到游击队手中。他两次把乡公所配给自己用的七九步枪和子弹分别交给同村的青年梁木伙、胞弟梁绪华，让他们去参加游击队。1948年10月4日，梁周被国民党联防中队逮捕，关进清远监狱，直至1949年8月才得以释放。

（供稿：黄雪蓉；复核：王敏智）

★ 清新区龙颈镇

江咀村

名片

- 解放战争游击根据地村庄
- 游击队在清远的第一个根据地

江咀村村貌（谢云龙 摄）

江咀村，位于龙颈镇西南部，距镇政府约37千米，东北面与木古坑村相邻。江咀村落始建于清同治二年（1863），因梁姓族人从木古坑村分支搬迁到此地定居而形成。因村庄建在一座山岗的前端而取名岗咀村，后来"岗"演变为粤语同音字"江"而改为江咀村。1994年8月，经广东省人民政府批准，江咀村被评划为解放战争游击根据地村庄。

解放战争时期，江咀村是共产党游击队的堡垒村。据《南冲人民革命斗争回忆录》记载，1945年8月，广东人民抗日游击队珠江纵队西挺大队雄狮中队的两个小分队在周明、蔡雄的带领下，从广宁马慈洞经银坑坪来到江咀村，在附近的石桥屈山上搭棚（俗称"红军山厂"）并住下来，建立了游击根据地。经革命宣传后，该村先后有11人加入游击队，约30名村民为游击队筹粮、送信、煮饭、送茶。当时江咀村大约有100人，参加革命及支持革命的就占了40%，其中有3人献出了宝贵的生命。由于游击队经常在江咀村驻扎，所以很多重要的会议都在这里召开。如1946年春，由莫彬主持召开的筹粮工作会议，会议部署了如何在清（清远）四（四会）边开展反"三征"（征兵、征粮、征税）活动；还有1947年5月由马奔主持的"二五减租减息"运动。多次反"清剿"战斗也是在江咀村策划、进行的。游击队员和村民三次配合马奔部队进行"三圣宫抗击战"，击退国民党部队；在姐坑战斗中，共有20多个村民两次送饭到前线，支持游击队取得战斗的胜利。

《南冲人民革命斗争回忆录》（图书封面照片为江咀村旧围）（梁雪英 摄）

为了加强战斗力，游击队还在该村附近的山猪窿、二行田等地设立了枪支修理厂。修理人员包括卢大红、梁观舟、宁春及广宁的一位铁匠。修理厂设备简陋，只有打铁炉灶、铁砧、铁锤、锉子等简单的工具，大部分工作靠手工完成。

江咀村还是游击队主要的藏粮点。部队到其他村落筹得的稻谷等粮食，大部分由群众连夜送到江咀村存放，然后由该村妇女加工成大米等再分送到各驻地。

江咀村在战争年代涌现出一批积极参加和支持革命的先进人物。游击队员梁成佐、梁正智父子于1946年春被捕后不久，便被毒死于清远县伪监狱中，后被追认为烈士，梁正智牺牲时年仅20岁。游击队员梁文利（1910—1948），1948年在浸潭战斗中牺牲，当地解放后被追认为烈士。梁正彧（1915—1995），曾任国民党南冲乡第七堡保长，解放战争时期任南冲第一届民主乡政府副乡长，1948年4月11日，他为掩护游击队员转移以及保护村民财产被捕，一直被关押到1949年6月，国民党见大势已去才准许他保释出狱。

（供稿：黄雪蓉；复核：王敏智）

★ 清新区龙颈镇

大洲村

名片

- 粤桂湘边纵队独立团整训和公开成立旧址
- 解放战争游击根据地村庄

大洲村村貌（谢云龙 摄）

大洲村，位于龙颈镇西南部，距镇政府约39千米，南与成合村相邻，西与旧村坑隔河相望，含大洲、新兴两个村民小组。因村庄建在一片沙洲地上而取名大洲村，曾用名信兴村。大洲村始建于清末，因各姓族人先后迁移到此地定居而形成。1994年8月，经广东省人民政府批准，大洲村被评划为解放战争游击根据地村庄。

粤桂湘边纵队独立团整训和公开成立旧址，位于大洲村内的西炮楼遗址、梁氏宗祠及村前地堂。大洲村西炮楼由土石青砖建成，共五层，炮楼建筑面积约130平方米，现已毁坏，未重建。梁氏宗祠占地面积约100平方米，清代建筑，由青砖建成，两进一天井结构，现保存完整。村前地堂保存完好，占地面积三四百平方米。

1949年6月下旬，粤桂湘边纵队东风团在三坑战斗后，决定集结在广清边的老游击区白芒坑的大洲村进行以政治思想教育为主的整训。据村中老人梁灶讲述，因为当年大洲防御性能较好，东南西北各有1座炮楼，整座村庄建有围墙，门楼有哨兵把守，且村民的政治觉悟较高，愿意提供场所给东风团使用，故东风团在该村的西炮楼、梁氏宗祠进行学习培训，在村前地堂进行操练集训。1949年8月1日，部队在大洲村举行庆祝中国人民解放军建军22周年大会，粤桂湘边纵队司令员梁嘉在梁氏宗祠宣布纵队独立团成立，主要由原东风团的人员组成，欧新为团长兼政委，吴声涛为副团长，杨明为政治处主任，黄炎、谭卓然为副主任。大会上，部队举行隆重的授旗仪式，将中国人民解放军军旗授予独立团，并在独立团公开活动所到之处都张贴以独立团公开番号署名的布告。

在整训期间，大洲村人民为部队提供了生活物资供给保障，为当地解放事业作出了积极贡献，体现了深厚的军民鱼水之情。

大洲村门楼（黄奕新 摄）

（供稿：黄雪蓉；复核：王敏智）

★ **清新区龙颈镇**

珠坑村

名片

- 解放战争游击根据地村庄
- 广宁、清远游击区筹粮重要基地之一

珠坑村村貌（谢云龙 摄）

珠坑村，位于龙颈镇西南部，距镇政府约36千米，东北面与龙塘村相邻，西南面与新屋村相接。珠坑村始建于清康熙年间，因陈姓先祖到此地谋生、定居而形成。因该村先祖希望此地珠玉满堂，而且村前有一条小溪（当地人称"坑"）而取名为珠坑村。1994年8月，经广东省人民政府批准，珠坑村被评划为解放战争游击根据地村庄。

1945年7月，珠江纵队副司令谢斌率领的雄狮、猛虎两个中队挺进江屯，与江屯的江东、杨鉴起义队伍会合，以"西江人民抗日义勇队"番号活动。

1945年7月底，谢斌、陈明率队挺进到亚公坑、马姐洞、银坑坪一带。随着队伍不断壮大，军粮供不应求，陈明派人在广宁和南冲的白芒、回新（回源）的江咀、大莨

一带四处筹粮，由于没有群众基础，百姓受国民党反动派统治和保安自卫队威吓，筹粮均告失败。

因为莫彬在南冲工作过，对此地比较熟悉，组织上安排莫彬做筹粮工作，要求把南冲白石一带建设为游击队的根据地。莫彬利用以前在南冲认识的一些当地国民党区党部的成员潘源祥、潘启汉、陈永钟、廖迅孚等开展工作。其中陈永钟和廖迅孚曾与莫彬换帖结拜为兄弟，和莫彬交情很好(但他们一直不知道莫彬的身份)。这次筹粮，莫彬直接到珠坑村陈永钟家里，对陈永钟开门见山说明自己身份，希望他马上召集保甲长来开会，为游击队筹粮筹款。陈永钟随后照办，并在会上带头捐献，以带动保甲长等人捐款捐粮。事后，陈永钟担心国民党对他进行报复，莫彬抓住时机向陈永钟讲明道理，进行教育，此后陈永钟开始为游击队工作。最后，莫彬还将当地国民党区党部的部分成员也争取过来了，还令白石乡公所得以长期为游击队所用。通过反复的较量和斗争，游击队克服困难，扫除障碍，最终在南冲建立了可靠的根据地。

部队在此地筹粮的局面打开后，筹粮范围逐步扩展到江咀、白芒、白石、新洞、白坑、寺洞、龙屈等地，直到马奔部队来到南冲。后来，南冲成为广宁、清远游击区筹粮的重要基地之一。

（供稿：黄雪蓉；复核：王敏智）

★ 清新区浸潭镇

旧圩村

名片

• 桃源革命烈士纪念碑

旧圩村村貌（罗炜彬　摄）

　　旧圩村，位于浸潭镇南部，距镇政府约27千米，与井头崀村相邻。因村庄曾经是桃源圩旧址而取名旧圩村。1955年，村庄在原址上整体重建。

　　村内现存大吉祥炮楼、二和祥炮楼和桃源烈士纪念碑。2011年，大吉祥炮楼和二和祥炮楼合并为桃源圩炮楼，核定为县级文物保护单位。

　　解放战争期间，浸潭镇桃源片区（原桃源镇）是中共领导的革命武装在清远活动的区域之一。1948年11月，粤桂湘边纵队连江支队第三团副班长梁章火被部队派往桃源执行任务。梁章火到达桃源后，国民党反动武装闻风追截。战斗中，梁章火壮烈牺

二和祥炮楼（江泽华 摄）

桃源革命烈士纪念碑（肖兰 摄）

牲。1950年1月6日，中国人民解放军粤赣湘边纵队北江第一支队第六团政治处主任、副团长方觉魂带领一个连到达桃源，与桃源的地方武装力量组成三个加强排，分三路出击，围剿国民党驻蕉坑的残部。在战斗中，卫生员欧贤、机枪副射手郑广厦、战士冯荣滔壮烈牺牲。

桃源革命烈士纪念碑，位于桃源圩培侨小学背后山坡上，1972年12月，为纪念梁章火、欧贤、郑广厦、冯荣滔四位烈士而建，2000年重修。纪念碑坐北向南，边长4.34米，用水泥贴陶瓷片砌筑碑身及纪念碑基座，上方有"革命烈士永垂不朽"8个大字，下方刻有烈士名字。纪念碑现保存较完好，2011年6月被清新县政府公布为清新县不可移动文物。

（供稿：黄雪蓉；复核：王敏智）

英德
红色文化村

★ 英德市大站镇

潭洞村

- 革命老区村庄
- 潭洞暴动遗址

潭洞村村貌（大站镇文化站供图）

　　潭洞村，位于大站镇东部，是一座有着400多年历史的古村落，2019年入选"广东省第六批古村落"。潭洞村有英德早期党员梁金的故居，也是英德最早发动农民武装暴动——"潭洞暴动"的发生地，因此，1957年潭洞村被英德县人民政府评为革命老区村庄。

　　1928年1月初，潭洞农民在中共英德县委员会（以下简称县委）委员刘裕光，以及梁金、陈石沾等领导下，计划1927年除夕前一天（1928年1月21日）发动武装暴动，但"准备不足，事机不密，反被地主所乘"。

　　1月4日，潭洞地主纠集国民党县政府兵力、英翁商团及土匪向潭洞农民发动进

潭洞暴动遗址正面远景（大站镇文化站供图）

攻。潭洞农民奋起反抗，正式吹响武装暴动的号角。经过几天的战斗，双方各有伤亡。9日，为了反击敌人的进攻，支援潭洞农民，中共北江特别委员会（以下简称北江特委）巡视员周其鉴、中共英德县委书记赵自选、刘裕光等组织发动邻近文光、黄塘（均在今东华镇内）等乡共300多人的农民武装支援潭洞，大家手持锄头、鸟枪、大刀等，浩浩荡荡开赴潭洞。农民武装包围了潭洞，向潭洞地主武装展开进攻，持续两昼夜。

面对声势浩大的农民武装，潭洞地主极为恐慌，重金请来国民党军第46师第137团第3营，围攻农民武装。经过几天的艰苦战斗，农民武装毙敌伤敌20多人，农民武装牺牲1人、受伤8人。为了保存革命力量，中共英德县委按照中共北江特委的指示，令农民武装主动撤出潭洞，退守濂滩，农民武装在缺衣断粮的艰苦条件下坚持斗争达半年之久。潭洞暴动彰显了农民武装的威力，打击了潭洞恶霸地主的嚣张气焰。

因年久失修、雨水侵蚀等原因，潭洞暴动发生地原有建筑物中的大部分房屋已坍塌，后由原住村民集资在旧址重建新村。

（供稿：大站镇政府；复核：周航）

★ 英德市东华镇

鸡屲湖村

- 鸡屲湖暴动旧址
- 英德县第一个苏维埃政府

鸡屲湖村村貌（东华镇政府供图）

  鸡屲湖村，位于东华镇西南部，距镇政府约15.5千米。东邻上塘村，西南邻五道潭村，西靠黄屋村。鸡屲湖村始建于明末清初，因先祖迁徙到此定居而形成。

  1931年春，中共北江特别委员会（以下简称北江特委）委员、组织部部长刘裕光和中共北江特委巡视员彭金华等在鸡屲湖村一带组织建立一支百余人的农民武装中队。鸡屲湖村的土豪劣绅邓尚醮横行乡里、鱼肉乡民，当地农民对其痛恨得咬牙切齿，纷纷要求打击劣绅邓尚醮。4月中旬，刘裕光、彭金华、梁展如等到鸡屲湖发动群众，组织群众秘密收集步枪、鸟枪、短剑、大刀等各种武器，组成农民武装。6月3

鸡婀湖暴动旧址（东华镇政府供图）

日，农民武装举行鸡婀湖暴动，对土豪劣绅邓尚醮展开进攻，并很快占领鸡婀湖村，但未抓到邓尚醮本人。于是农民武装没收邓尚醮的财产，分给贫苦农民，同时宣布成立英德县第一个苏维埃政府——丰霖乡苏维埃政府。

  鸡婀湖暴动和丰霖乡苏维埃政府的成立，惊动了当地地主阶级及国民党英德当局。当地地主迅速纠集邻近的黄塘（今东华镇内）、溪头（今横石水镇内）、辅治（今横石水镇内）、青塘（今青塘镇）、洪象（今白沙镇内）、石园（今白沙镇内）、文光（今东华镇内）等乡地方反动武装（民团）600多人，分三路直扑鸡婀湖。农民武装中队早有准备，中队长蓝田带领中队在庵下伏击，打得地方反动武装狼狈而逃。初战胜利，极大地鼓舞了武装中队的信心和斗志。国民党英德当局目睹地方反动武装无法攻入鸡婀湖，从韶关调来1个营的兵力，伙同地方反动武装600多人再次向鸡婀湖村疯狂反扑。农民武装中队与敌人展开激烈的战斗。激战1天，毙伤反动武装20多人。由于敌我力量悬殊，武装中队缺乏弹药，决定突围。蓝田、李业率一部分农民武装冲出重围，退守三山，来不及撤退的农民武装中队战斗到弹尽，3人光荣牺牲、10多人被俘后惨遭杀害。敌人攻入鸡婀湖村后，大肆烧杀抢掠，周围十几个村庄也被洗劫一空。

（供稿：东华镇政府；复核：周航）

清远红色文化村

★ 英德市东华镇

高枧村

名片

- 鱼湾苏维埃政府旧址
- 英德县第一个党小组
- 英德县第一个区农会
- 鱼湾暴动指挥部旧址

高枧村村貌（东华镇文化站供图）

高枧村，位于东华镇南部，距镇政府8千米。始建于明宣德年间，1960年在原地重建。该村因用来引水灌溉小坑河北岸水田的木枧悬空六七米高而取名高枧村；曾用名高枧坝。鱼湾苏维埃政府在该村成立。

1924年夏秋之交，农民部农村经济考察员、共产党员侯凤墀到英德宣传马列主义，开展农民运动，秘密发展胡瑞泉加入共产党。不久，胡瑞泉介绍胡世珍、黄杰夫加入共产党，并在他任教的进业学校（遗址位于高枧村的衙门村）成立了英德县第一个党小组。

1926年3月，农民运动特派员王蔚垣（花都人）到鱼湾开展农会工作，王蔚垣和胡瑞泉在该村开办农运干部培训班。同年9月，省委调派刘裕光回英德协助王蔚垣工作，使此地农民的革命热情空前高涨，各村的农会如雨后春笋般组织起来。1926年冬，英

高枧村

德县第一个区农会——九区（鱼湾）农会成立，农会组织举行了2000多人的示威大游行。

1931年8月28日晚上，中共北江特委委员刘裕光、彭金华、梁展如领导鱼湾党组织举行鱼湾暴动，当晚便占领区署，接着攻打区署隔壁国民党十三局（英东地区国民党地方武装）盘踞的全昌当铺。29日凌晨占领文光

鱼湾苏维埃政府旧址（东华镇文化站供图）

乡公所，中午在大同社学前面空地上举行庆祝大会。会上，刘裕光宣布成立鱼湾苏维埃政府，廖光禄任主席，秘书为邬强，委员有邓强、邓尚娥、陈开咸、刘承龙、范深利、黄杰夫、蓝醒初、蓝秋初，财粮组成员有胡克旬等。

鱼湾苏维埃政府旧址，始建于清康熙三十年（1691），重建于1922年，重修于2014年，坐南向北，前后有两栋楼房，四门归厅，为古祠堂式结构，建筑面积1010平方米。此建筑原是清代英德县巡按司衙门，中华人民共和国成立前先后改为文光小学、大同小学。1991年，在鱼湾苏维埃政府成立60周年纪念活动上，英德县政府拨出专款迁出学校，修建鱼湾苏维埃政府旧址，恢复会议室、饭堂、宿舍等原貌，收藏鱼

鱼湾苏维埃旧址雕像（英德市史志办供图）

053

湾苏维埃政府相关文字资料、图片及革命遗物。是年10月，建成英德鱼湾苏维埃政府旧址陈列馆并对外开放。2012年8月，闭馆重建，2014年10月重建完成，更名为英德鱼湾苏维埃政府旧址纪念馆，分为展厅16间，序言大厅1间，原旧址办公室、卧室、书房各1间，其中14间展厅分别展示鱼湾苏维埃政府的历史资料、图片及相关实物。

鱼湾苏维埃政府旧址于1991年11月被英德县人民政府公布为英德县文物保护单位；2021年被清远市文化广电旅游体育局公布为清远市首批不可移动革命文物保护单位；2005年1月被清远市精神文明建设委员会、中共清远市委宣传部公布为清远市爱国主义教育基地；2019年6月被中共清远市委员会公布为清远市中共党史教育基地；2019年5月被广东省关心下一代工作委员会公布为党史国史教育基地。

（供稿：东华镇政府；复核：周航）

★ 英德市东华镇

雅堂村

名片

· 北江东岸抗日动员委员会旧址

雅堂村村貌（东华镇政府供图）

　　雅堂村，位于东华镇西北部，距镇政府8千米。东南靠大镇街，南连同乐村，西接茶山村，北依双寨村，东北邻牛岗岭村。该村始建于明洪武五年（1372），始祖由广东大埔迁此先搭茅舍定居，后子孙挖泥制砖烧瓦筑居，挖泥后形成大大小小的池塘，人称"瓦塘"，因"瓦""雅"和"塘""堂"谐音而取名雅堂。雅堂村的北江东岸抗日动员委员会旧址（雅堂小学）于1995年12月被列为英德市文物保护单位，1999年被原大镇人民政府确定为爱国主义教育基地，2012年被中共东华镇委员会列为中共党史教育基地。

　　1945年6月，为了统一领导各抗日民主政权工作，中共粤北路东工作委员会、中共

英东县工作委员会（含翁西地区）和广东人民抗日游击队东江纵队北江支队党委成员在黄塘乡（今东华镇内）塘下何屋开会，讨论研究召开"北江东岸国事座谈会"，针对北江东岸全区性抗日民主政权问题，决定成立"北江东岸抗日动员委员会"，并提出了正、副主任和委员候选人名单。

7月12日至15日，"北江东岸国事座谈会"在大镇圩召开，北江东岸群众团体代表和各界民主人士代表百余人参加，听取各方意见，经过充分协商，决定成立北江东岸抗日民主政权（县级）——北江东岸抗日动员委员会，会址设在雅堂小学。会议还决定开展"二五减租"，征收公粮，对敌斗争，惩处汉奸、特务，以及发展文化教育事业等方面工作。

北江东岸抗日动员委员会旧址——雅堂小学（东华镇政府供图）

北江东岸抗日民主政权的建立，标志着北江东岸抗日根据地的进一步巩固和发展，也标志着北江支队开展抗日民族统一战线与建立抗日民主政权相结合的工作取得显著成绩。北江东岸抗日民主政权成立后，北江东岸抗日根据地很快由英德东部地区扩大到相邻的曲江县（今曲江区）南部、翁源县西部、新丰县西南部及佛冈县北部地区，总人口20多万人，面积3000多平方千米，农抗会、青抗会、妇抗会会员3000多人。

雅堂小学，坐西向东，砖木结构，墙体用鹅卵石砌至1米余高再接砌泥砖，部分墙体为夯土，共20间平房，面宽30.24米，进深26.40米，占地面积798.34平方米。至今保存基本完好。

（供稿：东华镇政府；复核：周航）

★ 英德市桥头镇

亚婆石村

名片

- 中共英德县委驻地
- 广东省革命老区村庄

亚婆石村村貌（桥头镇政府供图）

　　亚婆石村，位于桥头镇东北部，距镇政府约12千米。村庄地处丘陵地带，潊江河自东南向西北从村前蜿蜒流过。亚婆石村含暗径、细围、大围、田心围、田铺水、中央村6个村民小组。该村既是英德农民运动的发源地之一，又是中共英德县委的驻地之一。1957年，亚婆石村被广东省人民委员会评定为广东省革命老区村庄。

　　1926年夏，中共英德县支部在英德县成立，王蔚垣任书记。在党组织的领导下，英德农民运动蓬勃开展。同年，在刘裕光的指导下，土地革命战争时期及抗日战争时期长期担任英翁边党组织主要负责人的廖碧波（1902—1979），大革命时期农民协会骨干、中共地下交通站中央村负责人朱观兴（1875—1958），刘启联和廖石福发动亚婆石及周边村民参加农民运动，进行减租减息运动。刘裕光还指示廖碧波在细围万三公祠开办亚婆石小学，以学校作掩护展开党的工作，后在此学校秘密举办了多期党训班。随后，党组织在中央村朱观兴家设立地下交通站。

万三公祠（桥头镇政府供图）

为培养青年骨干，党组织选派该村村民廖碧波和廖力元到韶关农军学校学习。在廖碧波、刘启联、朱观兴等人的带动下，亚婆石村打下了良好的革命基础。1929年，中共英德县委机关搬到亚婆石小学。1938年，重新恢复组织关系后的中共英德县委机关设在廖宣家中。廖宣（1919—2015），于1938年加入中国共产党，曾任中共北江特委宣传部部长、中共英德县委书记等职。该村村民拥护中国共产党的领导，积极参加革命活动，为英德地区革命队伍的壮大和发展做出了突出贡献。

1951年8月，中央人民政府南方老根据地访问团访问亚婆石革命老区，赠予该村廖碧波、廖宣和朱观兴家"发扬革命传统，争取更大光荣"锦旗各一面。

（供稿：桥头镇政府；复核：周航）

★ 英德市桥头镇

板甫村

名片
- 英东中学旧址
- 会星楼旧址

板甫村村貌（桥头镇政府供图）

板甫村，位于桥头镇北部，东面、南面为新江、翁江所环绕。板甫村有客家民居罗庚围和保存较好的古建筑会星楼。红色革命遗址有中国共产党地下交通联络站会星楼、英东中学旧址潭峰寺。

1942年秋，在北江党组织负责人黄松坚的领导下，由共产党员廖碧波、石可权、陈仁畿等人负责，几经周折，创办粤北地区第一所由共产党领导的中学——英东中学。办学目的是培养青年学生骨干，为革命输送新生力量。建校后，北江党组织安排

英东中学旧址——潭峰寺（桥头镇政府供图）

了一批从延安"抗大"学习后，经党组织派来的共产党员吴震乾、陈国梁（陈枫）、邓礼安等老师到学校任教。办学中，宣传马克思主义理论和抗日救亡的革命思想，在师生中发展共产党员。为适应革命形势的需要，学校还加强军事训练，由肖松雪、邓文礼老师讲授抗日战争的意义、战略战术，武装学生思想，增长军事知识，增强革命信心。

在党组织的领导下，英东中学广大师生积极投入抗日救亡运动，一大批青年学生弃笔从戎，参军参战，为革命培养和输送了一批骨干力量。1945年7月18日，国民党军

会星楼旧址（桥头镇政府供图）

袭击广东人民抗日游击队东江纵队北江支队英翁边大队野马中队驻地青塘乡（今青塘镇）周屋小学，为掩护主力转移，原英东中学学生陈势雄、陈贻滔与16位勇士共18人战斗到最后一刻，壮烈牺牲。1948年，在翁源小径山的一次战斗中，廖乐连为使部队安全转移，被敌人打断腿后仍忍着疼痛打击敌人，最后，部队安全转移，他却为革命献出了宝贵的生命。

　　会星楼，因喻众星荟萃而得名，创建于清同治四年（1865），建筑面积10000多平方米，房屋约300多间，烈士陈瑞初曾居住在东片的碉楼。碉楼是融民居与军事防御工事为一体的民用建筑，平面以方形为主，石木结构，客家瓦顶，外筑厚实的石墙，墙体逐层开设内大外小的射击洞眼，小窗高墙，外观如碉堡，相当坚固，易守难攻，又冬暖夏凉，适宜人居。至今碉楼整体完好无破损。

（供稿：桥头镇政府；复核：周航）

清远红色文化村

★ 英德市横石水镇

江古山村

名片

- 林名勋故居
- 九龙楼

江古山村村貌（横石水镇党建办供图）

  江古山村，位于横石水镇的西北部。沿着村道往村里走，远远就能看见一栋栋高大的围楼建筑，它们与村庄的其他建筑有着明显区别，这些围楼雄浑朴实、精致高雅，体现出浓厚的客家民俗风情。其中，又以双桂楼、九牧楼、九龙楼、丛桂楼、新生楼保存比较完整，堪称江古山村围楼的代表。在抗日战争时期，该村曾是中共英东县委所在地。

  九龙楼是江古山革命斗争的发源地，林名勋就诞生在此楼。当时，随着北江游击

江古山村

支队的发展壮大和林名勋的领导威望逐渐增高,国民党反动政府及其反动军队对林名勋恨之入骨。解放战争时期,由张国悦率领一个大队的反动军队突然围攻九龙楼,放火焚烧分给林名勋家的碉楼,因碉楼内存放有游击支队的枪支弹药,大火持续燃烧了三天三夜。当时,游击支队得到情报后赶到头栋(当地一座山名),目睹大火已吞噬林名勋家的楼角,纷纷要求派兵将反动派

九龙楼(横石水镇文化站供图)

张国悦一干人消灭,但林名勋经过反复思考,考虑到整个江古山村人民的性命安全,毅然放弃此次行动。他与战士们解释,倘若将张国悦一干人消灭,恐日后会有更多的反动军队前来报复江古山村,到时整个江古山村人民的生命将受到更大的威胁。自家

林名勋故居楼角(横石水镇文化站供图)

事小，整个江古山村人民的生命为大，不能因小失大，要保住整个江古山村。

2011年12月，九龙楼被英德市人民政府评定为英德市文物保护单位。

林名勋（1921—1982），1938年冬加入中国共产党，长于述作，善于辞令，有"华南才子"之称。历任粤赣湘边纵队北江第一支队政治部主任、中共英德县委书记、韶关地委书记、华南师范学院党委副书记兼革委会副主任，广东省第五届人大常委会委员、副秘书长。

（供稿：横石水镇政府；复核：周航）

★ 英德市横石塘镇

龙华村

名片
- 龙华游击区
- 龙华抗征抗暴农民会

龙华村一角（横石塘镇文化站供图）

  龙华村，位于横石塘镇南部，距镇政府约3千米。西南面与英红、石灰铺镇相邻。龙华村，是旧时竹桥洞和李板迳的合称。1945年至1949年10月间，粤赣先遣支队突击大队、英西武工队、连江支队六团横石塘武工队这三支人民武装活跃于龙华村一带，充分利用竹桥洞和李板迳进可攻退可守的地理条件，创立了龙华游击区。这三支人民武装互相配合、互相支持、统一行动，与国民党反动派和地方反动势力进行艰苦卓绝的斗争。

  1946年2月，该村成立了龙华抗征抗暴农民会；1946年10月，建立龙华抗征抗暴独立队。龙华人民群众在解放战争时期开展反"三征"，筹粮款筹武器，搜集情报，站岗放哨，锄奸肃特，输送兵源，镇压地方反动头目，粉碎敌人扫荡和保卫游击区。在整个解放战争时期，龙华人民群众筹粮15.1万公斤，捐献长短枪48支、猪笼机

龙华村党群服务中心（横石塘镇文化站供图）

龙华村牌坊（横石塘镇文化站供图）

（手提机关枪）1挺、白银600文、日用品与药品等一大批。龙华有52名青壮年参加游击队，为革命胜利牺牲2人。参加大小战斗23次，毙敌12人，伤敌16人，俘敌22人，缴获各类枪支25支。被国民党反动派烧毁房屋32间。龙华老区人民在革命战争年代作出了很大的贡献和牺牲。

龙华村现存8处革命遗址，还建有红色党建文化展示中心，包括红色文化广场、入党宣誓墙、红色景观石、红色雕塑、红色展览厅（室）、红军行军路线、红色宣传墙画、红色指引牌、红色解说牌、红色宣传栏等。2019年6月，龙华村被中共清远市委确定为清远市第二批中共党史教育基地。

（供稿：横石塘镇政府；复核：周航）

★ 英德市九龙镇

金造村

名片
- 九龙武装起义
- 九龙起义广场

金造村村貌（九龙镇政府供图）

　　金造村，位于九龙镇西南部，距镇政府7千米，县道X366线和乡道Y649线从村旁通过。金造村有500多年的历史，保存有罗氏家庙、琳琅家塾、文昌塔、古围墙等大量明清建筑群，还有粤桂湘边司令部旧址、中共小北江特委党员干部训练班旧址等。1992年，金造村被九龙镇人民政府确定为爱国主义教育基地，2019年6月被中共清远市评定为中共党史教育基地。

　　1948年8月，中共英清边特派员谢鸿照根据形势发展需要和英西地区南部的敌我态势，决定组建人民武装，在九龙举行武装起义。为此，请调受党组织派遣在香港达德学院读书的罗发返回九龙，协助做好其父罗佛金的思想工作。谢鸿照多次到金造村与英德县四乡联防大队大队长兼黄寨乡乡长罗佛金商谈起义问题。在全国形势影响和长期统战工作推动下，以及罗发等各方面配合下，罗佛金同意举行武装起义，将全部武装人员和武器交给党组织安排。

1949年1月9日,粤桂湘边区工委举行边区工委扩大会议(大夫田会议),决定在九龙举行武装起义。14日晚,罗佛金率所属联防大队80余人,携机枪3挺、长短枪百余支从浛洸回到黄寨乡金造村。为壮大起义声势,保证九龙起义的顺利进行,在粤桂湘边区工委书记、粤桂湘边区人民解放军指挥员兼政委梁嘉的指挥下,边区独立团加强队和飞鹰队一部突袭英德县"剿共"总指挥梁猛熊老巢黄花乡乌坭坑村,摧毁黄花乡乡公所;连江支队第2团远道奔袭清远县坝仔乡雷公冲据点,随后和平进入九龙墟,占据黄寨乡乡公所、警察所。三个地方作战共毙敌63人,俘敌45人,缴获枪支弹药粮食等物资一批。16日,粤桂湘边区人民解放军在金造村召开群众大会,罗佛金所属的九龙乡自卫大队80多人公开宣布武装起义。九龙武装起义部队和边区人民解放军抽调的骨干整编成立粤桂湘边区人民解放军连江支队英清阳边人民解放大队(代号太阳队),大队长为罗发,政治委员为谢鸿照。

思源亭(九龙镇政府供图)

为铭记九龙武装起义的红色历史,通过向社会筹资,在原九龙武装起义发生地金造村兴建了九龙起义广场,广场占地面积7000平方米。

九龙起义广场(九龙镇政府供图)

(供稿:九龙镇政府;复核:周航)

★ 英德市东华镇

邬屋村

名片
- 牛栏村农会
- 农民抗日救国会
- 青年抗日救国会旧址
- 开国大校邬强故乡

邬屋村村貌（东华镇政府供图）

  邬屋村，位于乡道Y470线西侧，距东华镇政府6千米。邬姓村民于清朝初期从石下村城子迁徙到此处安家，至今已有三百多年的历史。该村是开国大校邬强的故乡、革命武装瀚江护航队旧址、广东省委委员周其鉴传达北江大暴动会议旧址。村内还有邬强青少年时代就读的私塾和习武的拳房旧址，以及村农民协会、农民抗日救国会、青年抗日救国会旧址。东江纵队北江支队、英佛民主先锋大队和第十大队曾经多次到邬屋村驻扎和开展隐蔽活动，村民积极为部队送情报、筹粮筹款和筹集其他物资。

  1945年3月，支队长邬强率领北江支队回到鱼湾，北江支队民运宣传队到邬氏宗祠门口，向村民宣传抗日救国的政策方针，表演一些抗日话剧和演唱歌曲，引起群众强烈的反响。群众积极拥护共产党领导的抗日游击队，并积极参加抗日救亡活动。在邬强的影响和动员下，邬屋村有邬梅玖（邬强二哥，烈士）、

邬氏宗祠（东华镇政府供图）

邬祯玖（邬强三哥，烈士）、邬诚玖（邬强堂弟，烈士）、何青（邬强前妻）、邬汉兴（邬强弟弟）、邬瑞池、邬胜广、邬松玖、陈有载等十多人先后参加东江纵队北江支队和粤赣先遣支队（北江第一支队）的英佛民主先锋队、第十大队。同时，在村里组织成立农民抗日救国会、青年抗日救国会，由邬祯玖、邬梅玖任负责人。同年8月，国民党县区警队进村逮捕了邬祯玖、邬梅玖，送到英德城监狱关押。二人在狱中受尽严刑拷打和逼供，逼迫他们劝邬强下山"自新"，遭到二人严词拒绝，后二人牺牲。

邬强（1911—1992），原名邬泉玖，开国大校，为中央军校第一分校（南宁分校）11期学员。1930年加入中国共产党，1931年参加英德农民暴动。抗日战争爆发后，曾参加徐州会战和台儿庄保卫战。1939年参加东江抗日游击队。历任东江军事委员会委员、大队副参谋长，挺进粤北先遣队队长，北江支队支队长，华东军区军政大学教导团副团长，华东野战军两广纵队参谋处长、副师长等职。中华人民共和国成立后，曾任职广东省军区副司令员，广东省第五届人大代表和政协广东省第四届委员会委员、副主席。1955年，被授予大校军衔。1957年6月，荣获中央军委授予的二级独立自由勋章、二级解放勋章。1988年8月，荣获中央军委授予的二级红星功勋荣誉章。

（供稿：东华镇政府；复核：周航）

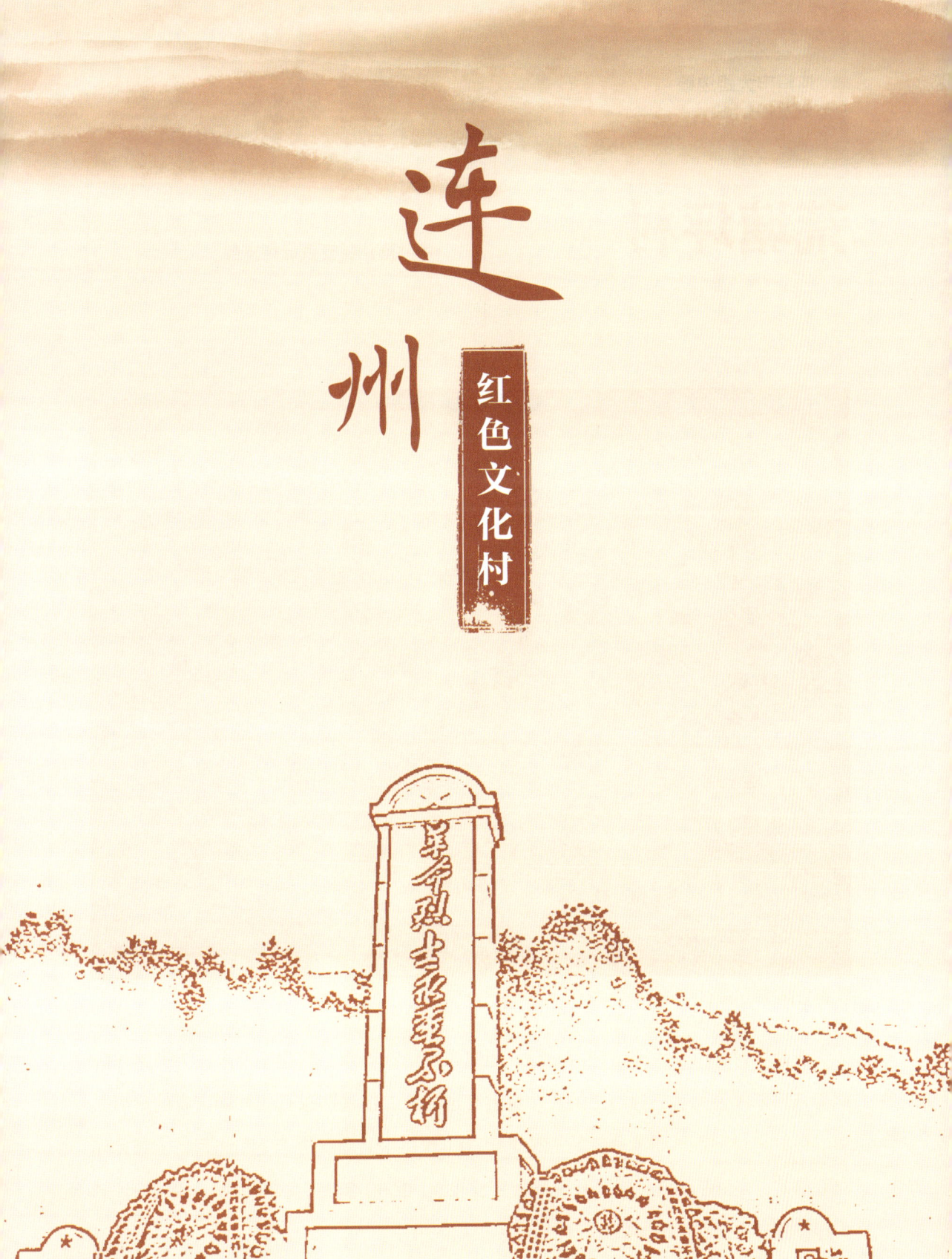

连州
红色文化村

清远红色文化村

★ 连州市大路边镇

荒塘坪村

- 第二次国内革命解放战争时期红色根据地村庄
- 中共连州特支荒塘坪支部
- 馥园医药社

荒塘坪村村貌（冯旭辉 摄）

荒塘坪村，位于大路边镇西北部，距镇政府约22千米。始建于清末，为湘南（临武）入广东（连州）古驿道上的一个重要交通枢纽，也是广东省通往湖南省的最后关口。该村是清远市早期革命老区，20世纪30年代，中共湘粤边工委和连州特支在此建立联络站，发展基层党组织，开展革命武装斗争。1990年4月，被清远市人民政府评划为连县第二次国内革命解放战争时期红色根据地村庄。

1928年1月，湘南起义建立了苏维埃政府。不久，起义部队转移到井冈山。中共湘南特委和各县党组织相继遭到破坏。5月之后，湘南各县留下坚持斗争或遇阻未能上井冈山的党员和农军骨干难以在当地立足，纷纷向湘南边的连县、乐昌、乳源转移，因此原临武县农民协会党员王章在荒塘坪开药铺——馥园医药社。

荒塘坪村中共湘粤边工委和连州特支主要活动地点（中共连州市委党史研究室供图）

由于革命斗争的需要，王章在荒塘坪的馥园医药社，与两广墟罗祖根的小卖部、西江墟欧阳健任教的小学校、宜章鹧鸪坪李恒春的伙铺、临武镇南谢炳荣务工的砖瓦窑，成为党的秘密联络站。地下党组织以这些联络站点为基础，开辟了若干条由湘南至连县、阳山边缘的秘密交通线。

馥园医药社旧址（中共连州市委党史研究室供图）

其中一条由湘南工委所在地乐昌梅花、坪石，宜章黄沙埼石，临武土桥，连县荒塘坪组成，进入星子，最后到达连县特支所在地。另外一条由郴州十字铺、宜章鹧鸪坪、临武镇南铺、土桥组成，翻越茅结岭进入连县荒塘坪、星子、潭源洞，连接阳山秤架牛子营游击区。党员们以这些联络站点为掩护，扎根、联络，接应失散同志，刺探军情，逐步扩大组织。

1930年冬天，荒塘坪有中共连州特支领导下的基层组织——荒塘坪党支部，书记为罗祖根，党员有邓礼通、王章。20世纪三四十年代，湘盐靠广东供给，星子通临武的古驿道每天有挑盐客往来，临武县政府在临连交界的荒塘坪设盐卡，向挑盐客征收盐税。临武国民党情报员邝代英坐镇盐卡，监视湘楚革命人士，对地下党组织构成很

大威胁。源潭锡矿兵变之后,中共湘粤边工委决定攻打盐卡。根据上级组织安排,荒塘坪支部党员邓礼通与几名地下党员身携短枪,在顺头岭伙铺混入挑盐客中,挑盐队伍陆续聚集120人。地下党员指挥挑盐客分两队过盐卡,邓礼通带50人率先来到荒塘坪盐卡前,"卡古仔"(盐警)要挑盐客逐一缴交税钱。邓礼通说连州缺盐,大家等盐导致了亏空,无钱交税。盐警强要以盐代税,前来抢盐。挑盐客抽出扁担,围住盐警猛打。两个盐警受重伤,被缴枪。混乱中,国民党情报员邝代英逃跑,监视革命人士的情报站也撤走了。

1934年3月,红四团经宜(宜昌)连(连县)边凤头岭激战后,进入连县山洲、观头洞,来到荒塘坪宿营,团部设在欧其记家。红四团沿途经过各村寨时写标语、发传单、贴布告,宣传革命道理。在荒塘坪、李仔树脚和南门水写的标语是:"打倒土豪劣绅,废除苛捐杂税!"荒塘坪墟日,战士们对人和气,买卖公平,墟场秩序井然。当部队到村庄需要住宿时,群众纷纷腾出房屋让部队居住。

(供稿:石振明;复核:连州市地方志办)

★ 连州市丰阳镇

梁家村

名片

- 梁家水歼灭战
- 梁家水革命烈士陵园

梁家村村貌（丰阳镇政府供图）

梁家村，即梁家水村，位于丰阳镇东北部，是革命老区，是连州解放战争"梁家水歼灭战"的所在地，在解放连阳战役上写下了不可磨灭的光辉一页。

1949年12月4日，连江支队第七团等军队奉命参加解放连阳战役，6日途经梁家水村遇到敌军，解放军兵分三路围歼敌军。解放军奋勇进击，至傍晚攻入梁家北门巷和半边街，夺下南炮楼。敌军盘踞在祠堂总部，以祠堂东侧的小河为界，与解放军形成

梁家村战斗旧址（中共连州市委党史研究室供图）

梁家水革命烈士陵园（丰阳镇政府供图）

对峙状态。经过几小时的激战，解放军把敌军分割包围在狭小阵地内，切断其相互联系，随即进行政治攻势，向敌人指挥部发出最后通牒，限令他们在30分钟内缴械投降。与此同时，解放军通过群众找来大量的辣椒粉和石灰，包裹在手榴弹上，一批批地投入敌指挥部内，随着手榴弹的爆炸，辣烟四起，痛击了敌人。

清远市爱国主义教育基地——梁家水革命烈士陵园（丰阳镇政府供图）

敌军于7日凌晨从窗口竖起白旗投降,并放下武器,至此战斗胜利结束。此役共毙伤敌200余人,俘交警总队上校队长李学忠及官兵440余人,缴获轻重机枪35挺、六〇炮9门、长短枪500余支、电台2部、战利品一大批。解放军牺牲士兵22人,其中副连长1人,排长3人,班长2人。烈士们安葬在梁家村门边岭山脚。

为纪念革命先烈,1958年,连县人民政府修建了梁家水革命烈士纪念碑,后又将其扩建为烈士陵园。1996年8月,梁家水革命烈士陵园被连州市人民政府公布为连州市文物保护单位,2010年3月被清远市精神文明建设委员会、中共清远市委宣传部公布为清远市爱国主义教育基地。

(供稿:石振明、丰阳镇政府;复核:连州市地方志办)

★ 连州市保安镇

水口村

名片

- 解放战争游击根据地村庄
- 中共水口村支部

水口村村貌（邱贵星 摄）

　　水口村，位于保安镇南部，距镇政府10千米，始建于宋元祐元年（1086）。1993年4月，被广东省老区建设委员会、广东省民政厅补划为解放战争游击根据地村庄。

　　1926年5月，在广东省农协北江办事处领导下，水口村成立了农民协会。协会贴出布告，内容是"稳定粮价，不准抬高谷价；取消苛捐杂税，不准加租加押，不准退佃等"。

水口村

1927年，在广州仲恺农工学校求学的水口村人邓如淼参加了革命，随后与同窗好友罗耘夫返回连县，传播革命火种。1939年，中共连阳特支领导邓如淼与钟明达带几名党员到水口村开展革命工作，9月建立中共水口村支部。党支部自成立至连县解放，坚持领导群众进行革命斗争，成为连县中共地下党开展工作的重要根据地之一。

中共党支部派党员或可靠群众，打入地方政权内部任职，革命政权以"白皮红心"形式存在。党员陈先信、邓奇勋任水口乡正、副乡长，与地下党县委安排打入地方政权任职的连县第五区区长邓炎汉、区员邓振武、指导员杜铿等密切配合，及时了解敌人动态，掌握敌情，保护人民的利益。

水口村青年抗日学习会旧址（中共连州市委党史研究室供图）

抗日战争时期，党支部组织"青年大刀队""妹妹会""抗日文艺宣传队""青年抗日学习会"，举办农民夜校，开展群众性抗日救亡运动。

1947年冬，党支部配合连阳地区武装力量解放连阳，成立武装民兵组织——狮团（英毅社）。狮团成员主动为党支部和武工队秘密站岗放哨，监视敌情，协助武工队把青年学生送往游击区，并带头参加党支部组织的抗粮、抗税、抗征斗争。狮团部

1982年，抗战时期曾在水口从事革命工作的邓如珍、邓强、罗耘夫、李信、周锦照、张慧明、张佩湘等领导，重返抗日据点水口小学（中共连州市委党史研究室供图）

分青年参加了游击队,成为连县城郊武工队的主力。同时,他们以建设好地方联防的名义,通过联保公所,公开购买一批枪支子弹,秘密交付狮团民兵使用。

1949年2月,党支部组建连县城郊武工队,牵制和骚扰打击县域敌伪武装,使他们无法分身进犯解放区。尤其是水口村青年谭杰、邓流东、邓奇勋、龚家禹等人,牵头组建隶属于城郊武工队的小分队"谭杰武工队",开展革命斗争。武工队在水口村党支部的支持下成长,党支部输送了邓永源、邓杰等20名青年入伍,还赠送20多支步枪及大批子弹,同时提供了住房和大批粮食、衣物、药品、生活用品。武工队以水口为根据地,逐步扩大活动范围,由水口附近的村庄逐步扩大到保安、连州、附城、龙坪、麻步、朝天、西江等地。1949年,党支部为连州地下党输送了3批共30名进步学生参加连江支队,协助武工队购买若干批医药用品、纸张、生活用品,并送达大部队。

连江支队和解放军解放连县时,水口村党支部牵头募捐大批猪、鸭等食品进城慰劳解放军,并做好各方支前工作。城郊武工队进城以后,立即担起保护警卫革命新生政权——连县人民政府的任务。

(供稿:石振明;复核:连州市地方志办)

★ 连州市瑶安瑶族乡

天光山村

名片

- 第二次国内革命战争时期的革命老区村
- 天光山农民协会

天光山村村貌（古敬航 摄）

  天光山村，位于瑶安瑶族乡北部，距乡政府24千米。天光山地区是红军在湘粤边瑶区建立根据地的大本营，是红军休整、补给和安置伤员的驻点。1990年4月，天光山村被中共连州市委员会、连州市人民政府评划为连县第二次国内革命战争时期的革命老区村。

  1934年11月，长征部队红一方面军经过湖南宜章五盖山时，留下一批伤员，这批伤员辗转转移到该村天光山进行隐蔽治疗。1935年1月初，红三十四师余部进入连县黄洞山、天光山瑶族地区。部队在处境极为艰险的情况下，同数倍的湘粤边界追敌进行激烈的战斗。

司光庙，当年红军驻地之一（中共连州市委党史研究室供图）

天光山农民协会旧址（中共连州市委党史研究室供图）

1935年3月，红二十四师七十一团约700人，在中央军区参谋长龚楚的带领下，由蓝山小洞进入天光山，建立游击基地。战士深入各村寨开展宣传，以湘粤边区军事委员会的名义发表文告，书写革命标语，给群众讲解打土豪分田地的革命道理，宣传土地政策，逐村逐户座谈，了解贫富情况。在调查摸底的基础上，帮助群众建立农民协会。天光山地区农会领导成员，由柳福胜（梅树冲村）、李景郁（杨梅岭村）、赵仁昌（天光山村）、李兴明（蚊子冲村）等瑶族同胞组成。

红军进入瑶区活动初期，物资匮乏，环境恶劣。当地地下党组织和瑶汉同胞予以红军最大的支持。红军利用瑶山丰富的山林资源，巧妙地借助瑶民使用的通道，沟通了与湖南临武的经济贸易，以土纸、竹木、桐油、蜂蜜、冬笋、药材等土特山货，换来大米、生盐、布匹、草鞋等军需物资，使红军在辗转苦战中有充足的补给。

红军把连县瑶区称为"大后方"，将之作为休整、安置伤员的立足点，在此保存了革命力量，在战略上有效牵制了敌人。1935年4月2日至5月8日，1个月零6天时间，红二十四师七十一团对蓝山、临武、江华等县敌人据点袭击8次，烧毁炮楼1座，俘虏蓝山三区反动区董1名及民团1个排，毙伤敌人20多人，缴获长短枪37支。在红军的频频打击下，湘境几县边区的国民党基层政权濒于解体，湘粤敌人疲于奔命。湖南保安团哀叹:"天光山为湘粤交界之岭,跨连县、蓝山、临武三县,纵横数百里,人烟稀少,进剿颇感困难。"广东独立三师师长李汉魂亦惊呼:"连县之东陂、星子、洛阳堡毗连湘赣,沿边村落市镇防御工事属简陋薄弱,一旦发生匪警,势难防堵其虏惊串扰。"对此,湖南长沙版《大公报》有详细的报道。而国民党报刊资料记载:从1933年至1935年,红军在这片密林活动期间,湘军第四路军的何键部,先后派出八区保安十六团、二十团,警卫旅第二团,独立三师独立团和第二团以及湘粤两省有关各县保安团、县警、民团等参与"围剿"红军,前后万余人,历时两年之久。

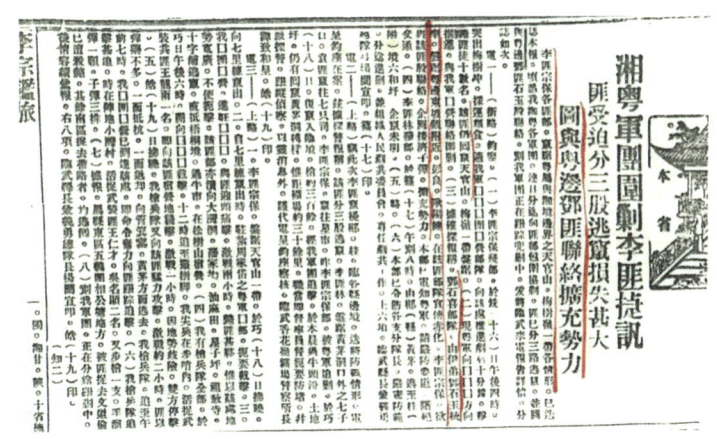

《大公报》报道的文章(中共连州市委党史研究室供图)

(供稿:石振明;复核:连州市地方志办)

★ 连州市三水瑶族乡

新八村

名片

- 第二次国内革命战争时期的革命老区村
- 广东省首批红色党建示范村

新八村村貌（高旺娇 摄）

　　新八村，位于三水瑶族乡西北部，距乡政府约56千米。地属黄洞山瑶区，辖区内有英桃坪、小东口、茶坪、红心4个第二次国内革命战争时期的革命老区村庄和正冲、沙带冲、丑尾冲、冷大坑4个解放战争时期游击根据地村庄。2019年6月，新八村被中共清远市委确定为清远市第二批中共党史教育基地。

　　1934年9月底，长征先遣队红六军一部约300人，从天光山来到黄洞山的冷大坑时，被国民党军独立三师追击，红军迅速登上山岗，凭借石崖古树进行掩护，给敌军迎头痛击，当场毙伤敌军3人，打死敌军战马1匹，红军受伤1人。

1935年1月,红三十四师90余人进入黄洞山小东口休整,遭遇国民党连县县府纠集的自卫队和当地瑶王赵福生民团的包围;红军突围途经大定坑时,又遭遇赵福生的民团偷袭,红军牺牲1人,损失轻机枪1挺。

老茶坪,红三十四师休整地(中共连州市委党史研究室供图)

　　红军部队严明的纪律感动了百姓,黄洞山黄土旺,小东口半岭的黄红杏、黄林发,大岭的黄亚海、茶坪的吴福贵,都自告奋勇给红军带路,帮红军送信,形成秘密的交通线。小东口冷大坑战斗中牺牲的红军烈士,被当地村民

冷大坑战斗地址(中共连州市委党史研究室供图)

黄红杏、黄记龙安葬在小东坳和"湾咀公"两地。

　　1935年3月,红二十四师第七十一团进入天光山、黄洞山地区后,在各村寨张贴布告、发传单、写标语宣传革命,发动瑶汉群众成立农民协会和苏维埃政府。黄洞山地区以小东口为中心成立农民协会,以小东口瑶胞黄金福(黄福林)为主席,黄洞山的黄土旺,半岭的黄红杏、黄林发,大岭的黄亚海和茶坪的吴福贵等为委员。红军拨银元做农会经费,让农会、苏维埃政府把各村寨的瑶汉同胞和造纸工人组织起来,打击土豪瑶霸,平分猪牛、山林、财产,开展土地革命。

为保障边区经济往来和保卫根据地的安宁，农民协会会员还协助红军在梅树冲、黄泥坳和茶坪等四处山隘路口修筑防御工事。

红军通过敌军封锁线进入瑶区后，部队供给不济，士兵疲劳不堪，病弱增多。黄洞山瑶汉群众多方协助，以茶油、蜂蜜、冬菇、土纸、竹木等特产资源，为红军换取急需的粮食、生盐、布匹、草鞋等生存物资，补充了给养。

黄洞山瑶汉群众在部队休整期间，安置伤员、掩埋烈士，提供粮食及生活物资，为保存革命力量作出贡献，战士们亲切称此地为"红军大后方"。

解放战争期间，东陂人民抗征大队转战瑶区，遭遇敌军残酷的"清剿""扫荡"，敌军实行封山之后，黄洞山堡垒户黄润发，团结群众，不顾自身安危，想方设法为部队解困。群众趁上山干活的机会，巧妙地把粮食、生盐、干菜留在山上，刻上记号，接济部队。在群众的无私帮助下，部队度过艰苦的岁月，站稳了脚跟，打开了局面。

2017年，中共广东省委组织部划拨500万元，将新八红心村建设为全省首批红色党建示范村，建设了陈列馆、烈士纪念碑、红军亭、红色舞台、中草药基地、小东口战斗遗址等项目，增加乡村旅游景点项目。红色党建示范村建成后，村旅游收入增加，2018年，接待游客12000人次，旅游收入200万元。

（供稿：石振明、成宇； 复核：连州市地方志办）

古街

★ 连州市星子镇

名片

- 红色星子
- 星子区武委会
- 星子人民抗征大队

古街一角（邓兰芳 摄）

古街，又称老街，为星子镇政府所在地，位于粤湘交界的骑田岭口，北连湖南郴州，素有"粤头楚尾"之称。古街扼守南北中转要塞，自古为兵家必争之地。土地革命战争时期，湘南中共地下党在星子隐蔽活动，红七军转战星子街，湘赣红军在星子开辟游击根据地，广东青年抗日先锋队在星子军训。在中华民族解放、复兴的征途上，星子古街民众无私奉献，勇于斗争，为这片土地留下了红色记忆。

百色起义后，红七军东征。1931年1月中旬，队伍由广西桂岭跨鹰扬关进入广东，19日抵达东陂。因探听到湖南黄沙堡有湘军拦阻，决定转道星子，直取连州。1月20日，部队进入星子沈家坑。下午来到星子新塘街口，受到星子商会的欢迎，部队分别驻扎在关帝庙、社学、会馆和竖旗岭炮楼等处。总指挥李明瑞、军政委邓小平在街头

红七军驻地遗址——星子关帝庙（中共连州市委党史研究室供图）

向市民宣传红军的宗旨，战士们纪律严明，秋毫无犯，受到市民的称赞。当晚星子商会杀猪慰劳红军，并向红军捐献银元一千元。

1938年广州沦陷，10月下旬，广东省大中学校学生集中军事训练总队撤出广州，迁移到连县星子镇继续训练。集训总队共300人，分4个区团，分别入驻星子镇和附近农村，在星子街及近郊开展抗日救亡宣传，并深入星子街、四方、黄村、四甲、水源，与当地青年组编当地民歌、民间舞蹈，演街头小剧、唱革命歌曲等。同时办妇女学习班，表演《放下你的鞭子》，点燃抗日热情。

1939年12月下旬，广东省儿童教养院第一院（千人院）从韶关迁到连县星子镇，战时儿童第二保养院、省救济院、建设厅药棉厂也迁到星子镇。这几个暂时机构有2000多人，他们克服物资短缺的困难，垦殖荒地，种养结合，保障供给。同时，发挥优势办农民夜校、妇女识字班，书写抗日标语，编墙报，唱抗日歌，演抗日话剧，带动星子地区抗日气氛。

1940年，成崇正与魏佩玉夫妇接上级任务，利用星子育婴所主任及事务员的身份作掩护，开辟了中共党组织新的工作据点——星子小学，发展了成崇士、马旅、成冠等进步学生加入党组织。1943年至1944年，陆续有钟哲民、李玉如夫妇，县委领导人李信，黄毓宜、唐北雁等同志来星江中学教书。他们借助教师身份作隐蔽，执行党的"三勤"任务，使星江中学成为抗战时期中学生运动较活跃、较进步的学校之一。学生骨干按照上级党组织安排，开展"倒柯"活动，逼国民党当局罢免打压、刁难、破坏学生进步活动的教导主任柯延沧，换上进步老师做教导主任。

师生经过"倒柯"活动锻炼，受到鼓舞，增强了信心，1947年后，在师生中发展了不少党员，建立了学校党组织，为1948年和1949年的武装斗争培养输送了不少骨干。星江中学很多毕业生先后参加了游击队，加入连县解放事业。

1982年，成崇正（持杖者）、李信等领导重返星江中学，成崇正讲述当年星江中学学生运动的故事（中共连州市委党史研究室供图）

抗日战争和解放战争时期，在地下党领导人成崇正、黄孟沾等领导下，成立了"星子区武委会"和"星子人民抗征大队"，以星子古街为指挥中心，领导星子地区地下党和游击队举行了多次武装起义，开展了轰轰烈烈的武装斗争，为革命成功作出了重要贡献。

随着乡村振兴战略稳步推进，星子镇政府围绕重塑千年古镇、"红色星子·粤盐古埠"主题，积极弘扬红色文化，重塑古街繁荣盛景。

（供稿：石振明；复核：连州市地方志办）

★ 连州市九陂镇

杨屋村

名片

- 解放战争时期游击根据地村庄
- 杨青山

杨屋村一角（石剑鸿 摄）

杨屋村，位于九陂镇西北部，距镇政府8千米。1993年4月，被清远市人民政府评为解放战争时期游击根据地村庄。

杨国新（1922—1950），连江支队第五团民兵，1950年8月在剿匪战斗中牺牲，后被追认为烈士。杨青山（乃鎏）（1926—1991），1942年在连州中学参加连江支队，任第五团党委委员兼武工队队长。中华人民共和国成立后任四十七军参谋，历任连县第四区副区长、韶关军分区十二团二营营长、湖南省株洲市武装部副部长、南雄县武装部副部长、清远县武装部副部长、清远市革命委员会副主任等职。

少年时期的杨青山，积极寻找救亡图存的革命真理。1940年，刚满14岁的他，在文理学院附中时就成为进步学生，以"互相关心、互相帮助、共同进步"为目的，联

杨屋村

合连州中学、广州女子师范、基联中学、燕喜中学等学校进步青年，成立了"九陂三乡"同学会。1943年，他曾组织90多人回乡宣传抗日救亡。1944年8月，杨青山回到连州中学，插班就读高二，并担任连州中学中共地下党支部宣传委员。后任连江支队第五团党委委员兼武工队队长。

杨青山故居建于1938年，坐东向西，面阔四间，建筑面积202平方米。当时，他回乡在此宣传抗日救国，热情接待进步青年。

杨青山武工队于1948年9月成立，有骨干20余人。活动在小北江一河两岸，以及连县的大理峡至阳山的小江一带，包括黄牛岭、山冲、茶田、铁坑、泥龙、宝山、企石、珠玉塘、界滩、洞冠、龙潭、九陂、连县附城、三江、金坑、大小龙山，甚至到连山永和、黄洞等地，涵盖连阳四县数百个村寨。武工队利用村寨的据点和农民协会，争取基层群众的支持，与当地民兵开展地下工作。

1948年11月，杨青山武工队接到地下工作人员的情报后，在界滩伏击官府运粮船，所得的3900余担大米全部用于救济贫民。此举唤醒了民众，

杨青山故居（曹文锦　摄）

杨青山故居（正面）——爱国主义教育基地（曹文锦　摄）

令民众明白了"只有跟着共产党革命才有希望"。此后50余名年轻人加入武工队,界滩方圆数十里成为游击根据地。

1949年6月,杨青山召集留在九陂地下工作的文超等7名同志组成武工组,到九陂三乡、连县附城、三江、金坑、大龙山等瑶区开展革命活动,并伸展到连山县城永和。为建立粤湘桂三省交界接合部民族武装开辟新的游击根据地,杨青山组织建立一批地下联络点,通过这些联络点秘密刺探敌特情报,掌握社情,发展组织,筹集钱、枪、药物,推动革命活动开展。

1949年7—8月,杨青山派黄安武工组去连南金坑乡瓦角冲发动瑶胞参加武工斗争。当时已将十余名瑶胞组织起来,并按照瑶胞风俗,举行斩鸡头、饮血酒盟誓仪式,随后这些瑶胞都参加了革命组织。为纪念这段岁月,杨青山赋诗二首:

(一)

1949年夏,送杨纯、黄安上瑶山开展工作

云锁大雾山,天开鹿鸣关。

万壑叮当响,林深夏日寒。

路随脚底出,风生剑影间。

三杯鸡血酒,瑶寨起狂澜。

(二)

1949年夏,武工队化整为零,派黄安入三江进行宣传、组织工作

枪声连日没,故地麦羹香。

夜突封锁线,天明入三江。

僻巷贴布告,牛骨住隔墙。

嘻哈土八路,爱耍抓迷藏。

(供稿:石振明;复核:连州市地方志办)

佛冈

红色文化村

清远红色文化村

★ 佛冈县高岗镇

宝结岭村

名片

- 东纵北江支队司令部旧址
- 初心讲堂

宝结岭村村貌（佛冈县史志办供图）

  宝结岭村，又名钟屋村，位于高岗镇西北部，距镇政府6千米，是宝山行政村下辖自然村，与英德市鱼湾镇交界。该村是佛冈县具有代表性的革命老区村，此地曾建立党的地下交通站，东纵北江支队司令部曾设在该村。该村也是英翁佛民主先锋大队主要活动地。1957年10月，韶关公署评划该村为抗日老区。2011年，钟氏宗祠作为东纵北江支队司令部旧址，经中共佛冈县委批准，被列为县级革命史迹保护单位。2018年，中共佛冈县委组织部在该村建立"初心讲堂"。

  1927年，宝结岭村的一些进步青年参加中共地下组织领导的"犁头会"，参与

宝结岭村

东纵北江支队司令部旧址（钟氏宗祠）（佛冈县史志办供图）

"鸡麻湖暴动"以及攻打国民党英德鱼湾公署等革命，并组织成立"耕种会"。抗日战争时期，中共鱼湾地区组织在宝结岭村建立地下交通站。此站承担过护送中共北江特委书记黄松坚到观音山根据地的任务。

1945年春，中共广东省临时委员会委员梁广率领东纵北江支队（支队长邬强、政委李东明），北上英东建立抗日根据地。东纵北江支队到达鱼湾后，随即建立英佛边抗日根据地。7月，北江支队到高岗地区开展抗日宣传活动，司令部设在宝结岭村钟氏宗祠。部队帮助宝结岭村组建民兵中队，中队有30多人（枪），北江支队派干部刘悦明负责指导民兵中队活动。民兵中队的组建，为当地游击武装斗争打下了组织基础。1946年6月，东纵北江支队奉命北撤至山东烟台，设在宝结岭村的司令部随同撤出。

东纵北江支队北撤后，宝结岭村人民群众坚持武装斗争。1947年10月下旬，宝结岭村民兵中队配合部队参加社冈下战斗并取得胜利。社冈下战斗胜利后，英翁佛民主先锋队回高岗整编，建立3个主力队和宝结岭村基干民兵中队。此后，宝结岭村基干民兵中队积极配合兄弟部队参加保卫观音山战斗。1948年1月至6月，基干民兵中队先后三次反击国民党军队和联防队对宝结岭村的"进剿"，并取得胜利。

宝山红色文化主题公园（佛冈县史志办供图）

中共佛冈县委组织部建立的"初心讲堂"（佛冈县史志办供图）

2018年，中共佛冈县委组织部在该村建立含有党史展览区、宣誓区、电教区三个功能区的"初心讲堂"红色革命教育基地和红色文化主题公园，生动展示宝山革命老区的辉煌历史，弘扬先烈们的革命精神。2019年，高岗镇党委、政府进一步深挖红色资源，在宝山村建设佛冈县红色革命历史长廊。

（供稿：李协湖；复核：曾道明）

★ 佛冈县高岗镇

高镇村

名片

- 解放战争游击根据地村庄
- 红色交通线

高镇村村貌（佛冈县史志办供图）

高镇村，是位于高岗镇南部的行政村，距镇政府5千米，下辖大围、建龙下、高镇、上黄坑、下黄坑、吊钟岭、大坝、竹山下、罗石、龙潭下、塘肚、大高洞、瑶洞、石山下、官厅、黄花岇、寨下、东坑、江背19个自然村。该村位于观音山下，观音山群山环绕，地势崎岖，道路陡峭。在抗日战争和解放战争时期，党组织充分利用观音山地形优势开展革命斗争，与高镇村群众一起为革命作出重大贡献。观音山地区的五个村庄曾有100多间房屋被敌人烧光，物资损失难以估计。牺牲的民兵、游击队战士有李继成、李里南等10多人。1957年，韶关公署评划大围、建龙下、高镇、上黄

高镇交通站（育儿学校）旧址（佛冈县史志办供图）

坑、下黄坑、吊钟岭、大坝、竹山下、罗石、龙潭下、塘肚、大高洞、瑶洞13个村庄为抗日老区村庄。1993年3月，清远市人民政府评划石山下、官厅、黄花畲、寨下、东坑围、江背6个村为解放战争游击根据地村庄。

1939年夏，高镇村东坑青年李宗立（又名李蔚然）经中共佛冈二区委员会委员朱继良介绍加入党组织，成为东坑第一名中共党员。

1940年，英东鱼湾地下党派李拔才、陈开沧到观音山建立地下交通站（当时的育儿学校），交通站建立后由李成荫、李观全负责。交通站南与清远潖江，北与宝结岭、英东沙老坪联系，是沟通北江与东江的中转站，曾护送北特书记黄松坚、陈枫夫妇到潖江。

1944年冬，为迎接东江纵队北江支队过境，观音山交通站积极收集日军、国民党

1985年夏，何俊才、朱继良等领导到高镇老区调研水电站建设情况（佛冈县史志办供图）

高镇村

军以及地方反动势力的情报，筹措粮食、弹药支援部队。交通站购买子弹4000多发，派李观全、蓝修运送至湛江、上四九（地名）交罗姓同志转交给东纵部队。

1947年8月，在中共瀚江地工委、中共佛冈县委领导下，常驻观音山的华山中队党组织成立，熊燎任支部书记，党员有李公安、李恒、王直胥、李功符、李汉兴、陈艳、钟珠等15位同志。在解放战争时期，在党领导下发动群众成立农会，组织开展改善农民生活、筹粮支援部队、救济贫困农民等活动。1947年夏，中共瀚江地工委书记何俊才、粤赣先遣支队（支队长为黄桐华）领导的英佛民主先锋大队大队长李拔才到观台乡建立革命武装，在观音山开展游击战，并建立武装中队。同年秋，中共佛冈特派员、游击队领导朱继良在东坑领导武装斗争时，在大高洞组建民兵中队（中队长为李宗洛），并在石山下等6个村组建一支50多人的民兵队伍（队长为李宗先）。1948年秋，北江支二团武工队组长李汉兴、副组长罗段等到东坑片发动妇女参加革命活动，建立妇女会（会长为李桂坚）。

在解放战争期间，高镇村还涌现出一批宁死不屈的革命志士。1947年11月，国民党反动派"围剿"高镇观音山等地，高镇村民兵与国民党反动派英勇斗争，该村的民兵李承贵、李继成、李宗相兄弟三人在反"围剿"战斗中遭敌逮捕后壮烈牺牲，村庄也遭敌严重摧残，但群众仍坚定地和游击队一起坚持斗争到底。1948年3月21日，叛徒张含带着国民党军和联防队突袭龙潭下村，在万分危急关头，部分青年民兵和妇女撞开后墙，转移到后背山，脱离虎口。民兵李里南、李里云兄弟俩在转移中不幸被捕。李里南受尽了敌人的折磨，在高岗圩英勇就义，牺牲时年仅37岁。

（供稿：李协湖；复核：曾道明）

清远红色文化村

★ 佛冈县迳头镇

青竹村

名片

- 佛冈人民抗征救命大队
- 中共佛冈县委员会
- 佛冈人民义勇大队
- 青潭乡人民政府
- 北江干部学校
- 青竹思源亭

青竹村村貌（佛冈县史志办供图）

　　青竹村，位于迳头镇东部，村内有高排、上青洞、下青洞、荆竹园、中洞、芹菜塘、水尾7个老区村庄。地处从化、新丰、佛冈三县交界处，是抗日战争和解放战争时期的战斗堡垒和红色根据地。1957年12月，青竹村被韶关公署评划为抗日老区村庄。

　　1943年11月，朱继良在青竹村所辖的上青洞村发动朱德思、朱德抱等33名进步青年农民在朱德增家里建立了地下武装——佛冈人民义勇中队，朱德思、朱宝泉担任正、副队长。佛冈人民义勇中队组织起来后，带领农民发展生产，以实际行动支持抗日。

　　1947年10月，曾东、朱继良、李适存、赖景勋、李奂等领导在上青洞村钟魂家开会，成立新佛边区领导机关，曾东负责军事方面工作，李适存为政委，朱继良为政训室主任；同时成立佛冈人民抗征救命大队，朱如森任大队长，李适存任政委。佛冈人民抗征救命大队以青竹为根据地，活动于迳头、大陂、三江、高岗等地。

1947年11月，中共瀚江地工委为加强对佛冈县党组织的领导，批准建立中共佛冈县委员会，并派刘少中到佛冈任县委书记，李适存、朱继良任委员。县委在中共佛冈县委员会旧址——朱氏宗祠建立后，撤销"佛冈人民抗征救命大队"番号，成立佛冈人民义勇大队，刘少中任政委，李适存任大队长，江枫任副大队长，朱继良任政训室主任。义勇大队以敌人势力薄弱的新佛边地区为依托，以青竹地区和上潭洞为主要根据地开展活动。

1948年6—7月，经上级批准成立青潭乡人民政府，建立起佛冈县第一个基层红色乡级政权，朱德思任乡长，钟国院、叶宗石任副乡长。同时还成立青潭联村总农会，选钟国院为农会主任，朱德思为

佛冈人民义勇中队印章（佛冈县史志办供图）

青潭联村总农会印章（佛冈县史志办供图）

中共佛冈县委员会旧址——朱氏宗祠（佛冈县史志办供图）

1984年11月，挂牌径纪念碑建成。图为原北一支领导何俊才、刘少中、陈培兴、刘蓝天及佛冈县参加挂牌径战斗的战士在纪念碑揭幕大会留影（佛冈县史志办供图）

2001年3月19日，青竹思源亭建成，邓楚白、何俊才、李适存、朱继良和佛冈县领导参加了揭幕仪式（佛冈县史志办供图）

政治指导员，总农会还扩大到水头上、下潭洞、龟咀、长坑等多个村庄。

1949年5月，中共瀚江地委和北一支队司令部移驻佛冈青竹地区。司令部在这里指挥歼灭范烈光、挂牌径战斗，以及解放新丰县城等战斗。

同年6月，粤赣先遣支队在荆竹园举办北江干部学校，来自翁源、新丰、英德、佛冈等县的300多名学员先后参加了培训。北江干部学校培训了一大批干部，对瀚江地区支前和接收政权等工作起到积极作用。

青竹思源亭于2001年建成，为六角亭开放式建筑。"思源亭"匾额为原北一支政委邓楚白题写，柱上对联为原北一支司令员何俊才撰写。亭内后墙镶嵌大理石，上刻青竹村革命事迹简介，教育人们饮水思源，继承和发扬革命传统。

（供稿：郑中勇；复核：曾道明）

★ 佛冈县迳头镇

甲名村

名片

- 解放战争游击根据地村庄
- 耕读楼
- 人文历史主题长廊

甲名村村貌（佛冈县史志办供图）

甲名村，位于迳头镇东南部，距镇政府4千米。始建于明成化年间，至今已有500多年历史。1993年，甲名村被清远市人民政府评划为解放战争游击根据地村庄。

1926年，甲名村进步青年朱应熊发动群众建立农民协会——犁头会，并任会长。1939年，该村青年党员朱继良成立党小组，后又成立党支部，领导农民成立农会，发动开展"二五减租减息"运动，农会会址设在耕读楼。1944年冬，党组织领导成立青年福利社、护耕会。福利社带领农民互助互耕、造桥、修路、修水利，还制定一些条款，如废除田酒、田鸡、田肉惯例，田主不得随意转租或升租，天灾减收必须减租等，有效地打击了地主恶霸的反动气焰。护耕会的任务为白天保护生产，夜晚巡逻放哨，维护人民生命财产的安全，并协助福利社开展工作，实际担负起民兵保护人民群众的工作任务。

1939年，佛冈二区建立抗日自卫大队，甲名村立即成立抗日自卫小队，并加入广东青年抗日先锋队，参与抗日宣传和武装斗争。1945年春，东纵北江支队北上英佛边开辟根据地时，佛冈二区有几十人参加北江支队，甲名村有近10人编入北江支队独立第一支队。1947年秋，有20多人携枪参加佛冈人民抗征救命大队，大队长、大队副官、中队长都是村中的进步青年。1949年6月，佛冈人民义勇大队经整顿，改编为北一支独立第五大队，下辖金星、火星两个连，火星连的核心骨干由甲名村党员组成，全连100多人，大部分是甲名村的党员和进步青年。1949年5月20日，佛冈人民义勇大队与北一支四团在甲名村会合出发，到三江黄竹村进行伏击战，击毙国民党佛冈县保安营营长范烈光。同年5月30日，北一支主力团和佛冈游击队取得挂牌径战斗胜利后，回到甲名村开总结庆功会，群众杀猪慰劳部队，并提供粮食3000公斤。在革命斗争中，甲名村有3位战士献出了年轻的生命。

耕读楼（佛冈县史志办供图）

村里的耕读楼是甲名村农会旧址。耕读楼建于清乾隆年间，占地面积414平方米，坐东向西，砖木结构，为平脊歇山顶建筑。门的上方为半圆拱形，下为长方形，门额上书"耕读楼"。该楼为两进一天井建筑，门前有水塘，水塘边有3棵300多年树龄的大榕树。2012年，耕读楼被列为佛冈县不可移动文物。

甲名村在社会主义新农村建设中，建起村文化室，将耕读楼旧址打造成党建教育基地，还建有传承红色基因的人文历史主题长廊、榕树下小讲堂、新时代文明实践中心、农耕民俗博物馆等多处教育活动场所。2017年，甲名村被评为清远市首批特色村。

（供稿：郑中扬；复核：曾道明）

清远红色文化村

★ 佛冈县迳头镇

官仓背村

名片

• 解放战争游击根据地村庄

官仓背村村貌（佛冈县史志办供图）

  官仓背村，位于迳头镇东南部，地处青竹、迳头、大陂等地的相交处。1993年，官仓背村被清远市人民政府评划为解放战争游击根据地村庄。

  1946年，党组织在该村郑仁寿家码头下水碓屋、郑大壬的烟馆建立两个秘密联络点，为游击队、武工队提供活动场所。李先士、赖景勋、朱继良、李适存等带领的部队经常到这两个联络点活动。地下交通员郑国璧为给游击队送信、送情报，经常来往于官仓背与烟岭课田之间，与游击队领导人李先士、李汉槎沟通联系。李汉槎经常带部队到水碓屋活动，郑仁寿为游击队提供食宿。李汉槎曾遭反动头目范烈光、李日华联防队的多次"围剿",导致家被破坏,其妻儿无处栖身,郑仁寿曾腾出房屋给李汉槎的妻儿等人居住长达一年多时间。李汉槎在1946年介绍该村郑国奇入党,随后郑国奇参加了游击队。

1946年,北一支独立大队指导员郑江萍与游击队员李立从水头返回部队,行至仓前夹河口(即今县道373线仓前桥附近)时,与国民党的联防队相遇,遭联防队追捕,郑、李两人立即跑到官仓背村郑大壬的烟馆躲避。为防止联防队入屋搜查,郑大壬拆开窗户,将他们藏匿在后山。当天晚上,又将他们送到甲名村地下交通站,再由地下交通站派人护送到达目的地。

官仓背村(佛冈县史志办供图)

郑大壬烟馆旧址(佛冈县史志办供图)

1946年11月,在英德白沙棋山坑战斗中,北江支队独立第一大队的李恒负伤,被转移到郭公坑(地名)桃山养伤。在养伤期间,郑仁寿采摘草药为其医治,郑国壁、郑社佑、郑继袍等人打扮成"卖油糍佬"轮流为其送药送饭,直至李恒伤愈归队。

1947年,官仓背村郑大参出任保长,其实为"白皮红心"的两面保长。国民党向游击队家属索要"红银"时,他能拖则拖;而游击队在村中的活动,他则听其自然,不予告发,所以游击队、武工队在村中活动更加方便频繁。

1948年夏秋之交，该村成立农会，郑大壬协助农会为游击队筹粮，动员村中纯德堂等富裕户筹钱捐物，共筹得4000多斤粮食及其他衣物、药物一批，支援李先士、赖景勋带领的部队和佛冈大队。

1949年6月，官仓背村有6位青年参加北一支举办的训练班，在解放战争期间，有10多位进步青年参加游击队，其中郑清、郑国奇为革命献出了年轻的生命。

（供稿：郑中扬；复核：曾道明）

★ 佛冈县水头镇

王田村

名片

- 中共佛冈特支旧址
- 中共佛冈区委旧址
- 中共佛冈县委旧址
- 邹华衍烈士
- 华衍亭

王田村村貌（佛冈县史志办供图）

　　王田村，位于水头镇西南部，距镇政府1.2千米。始建于清乾隆四十五年（1780）。该村有中共佛冈特支、中共佛冈区委、中共佛冈县委旧址，该旧址同时也是邹华衍烈士故居。2011年，中共佛冈县委批准邹华衍烈士故居和华衍亭为县级革命史迹保护单位。

　　邹华衍（1916—1942），又名邹北珍，佛冈县水头王田村人。1936年加入中国共产党。1936年冬受党组织派遣，邹华衍从广州

邹华衍烈士故居（佛冈县史志办供图）

109

王田村鲤鱼冲党员、建党对象学习班旧址（佛冈县史志办供图）

邹华衍（佛冈县史志办供图）

回到佛冈，着手建立当地党组织和开展抗日救亡活动。同年，与廖鉴铭等进步教师和社会文艺爱好者一起创办闹钟剧社，宣传抗日。1938年至1939年中共佛冈特支、中共佛冈区委、中共佛冈县委先后在邹华衍家成立，邹华衍曾先后担任中共佛冈特支委员、中共佛冈区委委员和中共佛冈县委书记。邹华衍任县委书记后，在王田村鲤鱼冲等地举办多期党员、建党对象学习班，进行党的政治思想、组织纪律教育。他动员中共党员和抗先队员带头参加民众抗日自卫队，武装起来保家卫国；指挥民众武装配合国民党抗日部队，阻击过境日军，为粤北第一次大捷作出了贡献。佛冈军民以及他本人受到广东省国民政府的嘉奖。

1940年秋，邹华衍与廖鉴铭受北江特委派遣，到三水芦苞开展工作。1941年10月，邹华衍在一次执行革命任务时，被国民党八师暂时扣押。为避免中共机密文件落入敌手，他借小便之故到厕所把文件销毁，不料被察觉而被捕。不久转押到韶关芙蓉山监狱。1942年5月，邹华衍在监狱被国民党秘密杀害，年仅26岁。

邹华衍烈士故居为简易平瓦房，面阔6米，纵深8.8米，建筑面积52.8平方米，为泥砖木结构。

华衍亭建于2007年，建筑面积30平方米，亭占地面积6平方米，建在王田村的乡村公园内，由王田村党员、干部、群众为纪念邹华衍烈士而集资兴建。

华衍亭（佛冈县史志办供图）

（供稿：陈国材；复核：曾道明）

清远红色文化村

★ 佛冈县水头镇

石潭村

- 抗日老区
- 中共佛冈一区天西乡党支部旧址
- 闹钟剧社
- 抗日自卫团大队石潭村自卫中队

石潭村村貌（佛冈县史志办供图）

石潭村，位于水头镇中部，距镇政府5千米。该村是佛冈县较早建立中共组织的抗日老区。1989年11月，清远市人民政府评划该村下辖的红星、曾屋、新落、石街口、新围5个自然村为抗日老区村。

早在1928年，该村青年廖鉴铭在广州读书时便秘密加入中国共产党。大革命失败后，他与

闹钟剧社社员证（佛冈县史志办供图）

中共天西乡党支部旧址（佛冈县史志办供图）

组织失去联系，于是回到家乡以教师为职业，继续寻找党组织。卢沟桥事变前夕，佛冈水头镇人、共产党员邹华衍受党的委派，由广州回到佛冈家乡，秘密开展革命活动。邹华衍以石潭村培基学校为基点，挑选思想进步的教师、学生和社会人士，组织成立闹钟剧社。剧社由廖鉴铭担任社长，以文艺表演的形式，深入到各乡村演出，积极开展抗日救亡宣传活动。其中《大汉奸殷汝耕》《放下你的鞭子》等话剧，最受群众欢迎。1938年4月，邹华衍代表上级党组织吸收廖鉴铭重新入党。

1938年冬，成立中共天西乡党支部，廖鉴铭任书记。1940年冬，廖鉴铭因身份暴露被调到沦陷区工作，于1942年牺牲，由同村的廖诗标接任支部书记。1945年春，成立佛冈一区党总支部，宋业安为书记，廖诗标、廖诗淦为副

廖鉴铭烈士故居（佛冈县史志办供图）

书记。同年冬,由于廖诗标被国民党逮捕囚禁,此后佛冈一区党的负责人为廖诗淦。天西乡党支部在抗战期间吸收了一批党员,该村除了廖鉴铭、廖诗标外,还有廖道明等十几人加入党组织。

  为了抗击日军的侵犯,石潭村建立抗日自卫武装。天西乡党支部以合法形式成立天西乡抗日自卫团大队,石潭村成立了拥有50多人(枪)的自卫中队,廖诗添、廖诗静分别担任正、副队长。1939年冬,石潭村自卫中队在西田尾布防截击败退南下的日军,打伤日军5名;同时配合中共佛冈县委委员、天西乡党支部书记廖鉴铭(其公开身份是天西乡乡长)领导的自卫团大队和廖诗淦率领的抗先队,在火屎岭突袭日军,迫使日军绕道南逃;并于水头圩附近的龙颈桥下,自卫队再次伏击南逃日军,击毙日军3人。战后,自卫队受到国民党第十二集团军领导及广东省政府主席李汉魂的表扬和奖励。

(供稿:钟少军;复核:曾道明)

存久洞村

★ 佛冈县石角镇

存久洞村

名片

- 解放战争时期游击根据地村庄
- 东三支四团
- 培智小学

存久洞村村貌（佛冈县史志办供图）

　　存久洞村，位于石角镇东南部，距县城25千米，与广州市从化区相邻，坐落于青牛塘、马口寨山间盆地之中。1993年，存久洞村被清远市人民政府评划为解放战争时期游击根据地村庄。

　　1947年8月，清从佛人民义勇大队（后改为清从花佛人民义勇大队）成立后挺进黄花乡存久洞村，并建立革命武装斗争据点，进行革命宣传活动、组织部队训练和开展武装斗争。在党和军队的领导支持下，清从佛人民义勇大队在存久洞村组织群众先后成立"穷佬会"、农会、妇女会、儿童团、红军小组，并组建人民地方武装——飞鹰

黄花乡存久洞村原培智小学旧址（佛冈县史志办供图）

中队，建立红色政权——黄花乡人民政府，在清从花佛四县边区彻底推翻国民党"五家联保"制，黄花乡人民政府是边区最早建立的红色基层政权。

存久洞根据地建立后，在党组织领导下，义勇大队得到了迅猛发展，截至1948年初，规模为8个中队共800多人。同年3月，义勇大队改编为广东人民解放军江北支队第四团，黄渠成任团长兼政委。5月，黄渠成在从化坪地村战斗中牺牲，由黄信明继任团长。部队自进驻存久洞村至1949年10月佛冈解放期间，先后在四九江坳、汤塘古竹迳茶亭、黄花独松脑、老人松山和从化跌死马山径等地设伏战斗，以游击战术痛击国民党反动派。

1949年2月，广东人民解放军江北支队第四团改编为中国人民解放军粤赣湘边纵队东江第三支队第四团（简称东三支四团），同年7月又改编为北江第一支队第六团（简称北一支六团），领导组成仍按原建制不变。

北一支六团成立后，于1948年7月在存久洞村组建培智小学，举办妇女儿童识字班，后利用培智小学举办清佛干部培训班，共开展两期培训，北一支六团政委邓楚白到培训班授课，为培养人才、提高队伍干部素质奠定了基础。

2001年，当地政府对培智小学旧址加以整修，在此地开展红色爱国主义教育，2011年1月，培智小学被评划为佛冈县革命史迹保护单位（点）。2016年，中共佛冈县委进一步加大对革命史迹保护力度，对培智小学重新规划布局，开辟革命史迹展阅室，陈列东三支四团及北一支六团战斗、生活和学习培训内容，战时实物及图片，系统介绍部队成立、改编、发展以及在抗日战争和解放战争中的光辉事迹。2018年3月，存久洞村被确定为首批广东省红色革命遗址重点建设示范点；2019年6月，获评为清远市第二批中共党史教育基地。

（供稿：郭治国；复核：曾道明）

清远红色文化村

★ 佛冈县汤塘镇

菱塘村

名片

- 抗日老区村庄
- 潖江民众抗日义勇大队旧址
- 中共潖从区委交通联络站旧址
- 黄渠成烈士故居

菱塘村村貌（佛冈县史志办供图）

菱塘村，位于汤塘镇东部。1957年11月，菱塘村下辖的群丰、柴洞、围内、黄洞、大馆、白石坳6个村庄被韶关专署评划为抗日老区村庄。

1944年间，在外地读书的黄渠成、黄信明先后相继回村，在倡办教育、宣传团结抗日的同时建立发展中共地下组织。同年建立中共菱江支部，黄渠成任书记，黄积年任宣传委员，黄绍国任组织委员，有党员9人。由于积极倡办教育、宣传抗日，黄信明被推选为四九中心小学校长，黄渠成被推选为潖江三乡（联长、联卫、兴礼）抗日自卫委员会抗日武装区队区队长，黄积年为三乡自卫委员会抗日自卫武装常备中队中队长。1944年4月或5月期间，陈枫奉前北江特委书记黄松坚指示，以国民党军挺进第二纵队司令部抗日宣传队的名义，回到潖江地区，任中共潖江区特派员，恢复了潖（江）从（化）地区党的组织活动，成立中共潖江县委，黄渠成、黄信明为县委委员。中共地下党组织和抗日组织的成

中共潖从区委交通联络站旧址（佛冈县史志办供图）

立，为东纵邬强部队安全经过潖江，北上英德开展武装斗争打下基础。

1945年春，邬强率领的北江支队和蔡国梁领导的西北支队北上经过潖江，上级党组织指示潖江地方党组织，要为保证两支北上队伍的安全做好准备工作。革命武装队伍经过时，菱塘和田心两个老区的群众送茶送水、送柴送米、送菜送蛋，保证过境部队所需，还召开军民联欢晚会，使军民关系更密切。

北上部队安全经过潖江后，潖江党组织的活动引起了国民党反动派对此地的注意。1945年7月5日，以黄康平为首的地方反动头子调集国民党保安营数百人，袭击四九中心小学，搜捕中共地下党的领导人戴敏和其他教师，破坏地下党的组织机关和活动。事件发生后，菱塘村群众十分气愤，人民群众鼓励黄渠成、黄信明"拿起枪来，公开跟他们斗争"。在人民群众的支持鼓励下，潖从县委作出决定，由黄渠成、黄信明领导，动员自卫队伍中的党员黄积年、机枪手黄礼昂、小队长黄谷银、班长黄妙等一个中队举旗起义。1945年8月公开成立潖江民众抗日义勇大队，黄渠成任大队长，黄信明任政训室主任。

黄渠成烈士故居（佛冈县史志办供图）

解放战争时期，在菱塘村成立的潖江民众抗

黄渠成烈士光荣纪念证（佛冈县史志办供图）

日义勇大队不断发展壮大，由清从花佛人民义勇大队改编为广东省人民解放军江北支队第四团，再改编为粤赣湘边纵队东江第三支队第四团，后又改编为中国人民解放军粤赣湘边纵队北江第一支队第六团。在烽火岁月里，菱塘村的许多青年成长为部队中的领导，其中，黄渠成成长为江北支队第四团团长，后在战斗中英勇牺牲；黄信明成长为东江第三支队第四团团长、北江第一支队第六团团长。

2005年，菱塘村人民为缅怀革命烈士，把菱塘小学更名为"菱塘黄渠成纪念小学"，并在学校建起以介绍黄渠成烈士事迹为主要内容的"思源室"，对学生进行革命思想教育。

菱塘黄渠成纪念小学（佛冈县史志办供图）

（供稿：朱家佑；复核：曾道明）

★ 佛冈县汤塘镇

田心村

- 抗日老区村庄
- 抗日战时服务团
- 黄化民故居
- 四九地下交通站

田心村村貌（佛冈县史志办供图）

田心村，位于汤塘镇东部。1957年11月，田心村下辖的黄坑村、中心、围内3个村庄被韶关专署评划为抗日老区村庄。

1937年抗日战争全面爆发后，在广州读书的进步青年黄劲秋回到家乡田心村，在其兄黄开山（爱国开明人士）的支持下，组织成立四九青年抗日战时服务团，开展抗日宣传活动。广州沦陷后，滃江地区成了抗日战

黄劲秋（佛冈县史志办供图）

争前线，广东省抗日先锋队队员雷亢清（中共党员）、梁尚任以及一批知识青年、知名人士到田心村，参与战时服务团活动，当地的抗日救亡运动开展得如火如荼。这时中共广东省委派出在国民党部队154师工作的中共党员徐青带领工作队在从化良口、米埗、温泉等地活动，黄劲秋与他取得联系后，把战时服务团和政治工作队联合起来，抗日救亡宣传运动得以蓬勃发展。

1938年冬，田心村青年黄涛在其兄黄劲秋的影响和帮助下，奔赴延安，并进入中国人民抗日军事政治大学学习。在抗日军政大学学习期间，黄涛加入了中国共产党。学习结束后，他被安排在部队从事宣传教育工作。

1939年春，政治工作队大多数同志撤离出154师，转到地方工作，徐青来到田心村，并以此为据点把抗日救亡宣传工作推向整个滃江地区。徐青在田心村先后吸收黄化民、黄瀚明等人加入中国共产党，随后经中共滃从区委批准，建立田心党支部，黄化民任支部书记，刘逸民任组织委员，黄裴然任宣传委员。

田心交通联络站旧址——黄化民故居（佛冈县史志办供图）

1940年夏，中共滃从区委负责人谢永宽等经常在田心村召开区委会议，领导滃从地区党的工作，田心村便成为区委领导机关活动中心。支部书记黄化民家里设有油印室，滃从地区党的秘密文件、通信刊物以及《火花报》就是在这里编辑、印刷的，秘密文件就存放在地洞里。1941年春，谢永宽调走后，谢裕德、陈枫和李云等常驻田心村，在田心村召开多次重要会议和发出各种重要指示。中共北江特委书记黄松坚也来过这里指导工作，田心村成为坚强的革命堡垒。

1941年，为适应斗争形势需要，黄礼通、罗智任在山上密林深处搭起炭寮，设立秘密交通点。黄化民、罗趋明等在四九圩开设杂货店兼办客栈，并把四九圩邮政代办

田心革命老区村牌坊（佛冈县史志办供图）

所的代理权争取过来，使此地成为地下交通站。1941年至1944年期间，一批文艺界同志要赶往东江纵队，就是通过该地下交通站安全转送的。英东中学一批革命师生去东江纵队也是由该地下交通站安全转送的。该地下交通站先后转送200余人去东江纵队。

四九地下交通站旧址（佛冈县史志办供图）

（供稿：朱家佑；复核：曾道明）

清远红色文化村

★ 佛冈县高岗镇

礼溪村

 名片

- 抗日老区村庄
- 农民协会小组（耕种会）
- 抗日自卫中队
- 地下交通站

礼溪村村貌（佛冈县史志办供图）

礼溪村，位于高岗镇北部，是佛冈通往英德的门户之一。1989年11月，礼溪村被清远市人民政府评划为抗日老区村庄。

1927年，中共组织派蓝醒初来到礼溪村，传播马列主义，宣传革命道理，帮助该村建立起农民协会小组。农民协会小组由朱玉成任组长，朱玉堂任副组长，组员有朱如钢、朱玉尔、左该利等10余人，并组织发动减租减息运动。1928年1月5日，中共英德县领导人之一刘裕光领导和发动英德鱼湾武装暴动，建立起农民自卫军，朱玉此、朱玉成、朱如应、朱如尔等10余名进步青年参加了鱼湾武装暴动。

礼溪村

1930年3月，礼溪村农会小组（后改为耕种会）开展"二五减租"运动。刘裕光再次领导鱼湾鸡㝉湖武装暴动，一举占领国民党鱼湾区政府，处决反动区长陈炳文。礼溪村的朱如应、朱如会、朱玉尔、左该利等10余人参加这次鱼湾暴动。

抗日战争全面爆发后，中共党员钟恩杆、朱光怀到礼溪村宣传抗日救亡革命道理。1939年，建立礼溪抗日自卫中队，朱明貌任中队长，队员初期有30多人，后扩大到120人。在日军侵犯粤北地区时，朱明貌率骨干队员30多人，开赴英德黄岗地区与英德军民一起抗击日本侵略者。1944年春，中共党员朱光福、朱光齐、朱明貌、朱达观等人在朱氏祠堂召开民众大会，宣传团结救国的道理，参加大会的群众有数百人。1945年4月，东纵北江支队独立第一大队成立，由朱继良任教导员，并以塘背朱氏宗祠为据点，教导群众学习文化知识，宣传团结抗日的主张和革命道理，发展党的

朱氏祠堂（佛冈县史志办供图）

组织，先后吸收朱飞远、朱光吕等青年入党，动员进步青年参加北江支队。1945年，邬强率东纵北江支队北上英佛边开辟抗日革命根据地，北江支队独立大队经常到礼溪村驻营活动。

1947年7月，原抗日自卫武装在朱继良的指导下，经整训，成立礼溪游击队——朱明貌中队，队员有朱光活、朱求应、朱光后等30余人，归佛冈人民抗征救命大队领导。反动势力范烈光、李日华率反动武装前来礼溪"围剿"，朱明貌中队在李拔才领导的游击队增援配合下，粉碎范、李的"围剿"。为保护和掩护游击队，礼溪村民上山砍树、割草，搭棚给游击队居住，竭尽全力解决游击部队食用问题，送粮送物上山资助游击队。

土地革命战争、抗日战争和解放战争时期，中共组织在礼溪村进行宣传，发动群众在朱明训家建立地下交通站，朱明训作为交通联络员，传递情报之余积极筹粮凑钱

朱明训旧居（佛冈县史志办供图）

支援游击队。国民党联防队得到礼溪村村民为共产党送情报的消息后，组织对此地进行"围剿"。村联络员朱玉挑得到"围剿"消息后，通知朱明训、朱照导等撤离，使联防队的"围剿"行动一无所获。同时交通站与烟岭、鱼湾的游击队紧密联系，完成游击队任务。北支领导邓楚白、涂锡鹏从香港回来，经过青竹村时，由朱兆熊、钟魂和突击大队6名队员护送到高岗礼溪村交通站，然后转送至支队队部。交通站一直坚持战斗到佛冈解放。

（供稿：陈国材；复核：曾道明）

★ 佛冈县迳头镇

课田村

名片
- 中共佛冈二区委员会
- 白石乡抗日自卫大队
- 佛冈二区白石乡抗日动员委员会
- 课田交通联络站和中共地下粮站

课田村村貌（佛冈县史志办供图）

课田村，今社坪村，位于迳头镇北部。1989年，课田村被清远市人民政府评划为抗日老区。

1938年冬，中共英东特支领导人廖萱介绍胡占丰入党。1939年，胡春武、朱继良相继入党，随即建立中共二区支部，不久又吸收李先上入党。同年6月，经中共佛冈县委批准，建立中共佛冈二区委员会，胡占丰任书记，委员有朱继良、李先士，并批准成立白石乡（课田）、迳头、三江3个中共支部。

不久，在中共佛冈二区委员会的领导下，建立二区白石乡抗日自卫大队，大队长

原佛冈二区白石乡抗日动员委员会旧址——社坪村委会（佛冈县史志办供图）

为李泽民。课田村自卫队编为大队属下的一个中队，由李先士任中队长，李汉槎任小队长。抗日自卫队建立后，积极宣传贯彻党的抗日民族统一战线政策，提高群众抗日救亡、保家卫国觉悟。同年12月，日军进犯粤北，当日军进犯翁源县新江受阻，败退至英德白沙牛栏头地段时，课田村抗日自卫队随白石乡抗日自卫大队和英德军民一起对日军进行伏击，毙敌骑兵2名，缴获战马2匹及其他军用物品一批。后来抗日自卫队在大风坳顶又对日军进行了一次袭击，日军败走。

1940年冬，课田村在党组织的领导和发动下建立村农民协会，带领农民佃户开展减租减息运动。1945年5月，在东纵北江支队的帮助下，在课田村成立佛冈二区白石乡抗日动员委员会，范嵩龄任主任，李松开任副主任，这是二区第一个农村民主政权。农会和动委会发动农民开展生产互助互救运动，并组织成立耕牛合作会，帮助缺牛农户解决耕种问题。同时集中祖偿所得钱粮开办学校，解决贫苦学子入学问题，并开办妇女文化班，教妇女识字。

1945年春，为保障情报传送畅通，上级党组织在课田村建立地下交通联络站，由李立、李景棠负责。抗日战争时期，该站负责的交通线路是英德李屋角—佛冈课田—新干遥田。解放战争时期，该站负责的交通线路是迳头青们—课田—升岗。课田交通线自建立以来,未出现过差错,也没有遭受过破坏。

1945年,邬强部队北上英佛地区建立据点,为了解决游击部队的给养问题,在课田村建立中共地下粮站,由李立、李景棠负责粮站工作。同年,北江支队独立大队副大队长李先士率部在课田及周边地区活动,地下粮站调出800多公斤大米给部队解决补给问题。1947年,李拔才、李先士等率游击队转驻五洞坑时,地下粮站秘密送去粮食2500多公斤。

(供稿:郑中勇;复核:曾道明)

清远红色文化村

★ 佛冈县水头镇

上潭洞村

名片

- 抗日自卫武装中队
- 第一个基层乡级政权
- 宁死不屈八烈士

上潭洞村村貌（佛冈县史志办供图）

上潭洞村，又名上洞，位于水头镇东部，东与新丰相接，南与从化相连，北与青竹村隔山相邻。1990年4月，清远市人民政府批准该村下辖的上一、上二、上三、上四、上五、上六6个村庄为抗日战争根据地村庄。

抗日战争初期，党组织领导的闹钟剧社和抗日青年先锋队深入上潭洞村宣传抗日救亡思想，上潭洞村村民踊跃募捐。1939年，上潭洞人民组建抗日自卫武装中队，有队员30多人，各种枪支30多支，由朱生财（1944年入党）担任中队长。

1945年夏，上潭洞抗日自卫武装中队配合北江支队独立大队，夜袭国民党上洞留守仓库。独立大队负责控制管仓、护仓，抗日自卫武装中队负责抢运弹药等战备物资，并藏匿在山洞中，随后逐步转送给北江支队。

1946年，东江纵队北江支队北撤开赴东江，途经上潭洞村时，缺粮、缺经费、缺向导。中共党员朱锦财和农会会长陈德林发动群众为部队捐钱捐粮，并派出向导，帮助部队顺利撤出佛冈地区。

1947年秋，水头党组织贯彻执行上级"大搞武装斗争"精神，决定组织力量突袭国民党水头乡公所。10月26日，朱生财、叶龙章等率领10多名原抗日自卫武装中队骨干，配合游击队突袭国民党水头乡公所，缴获武器弹药一批。

上潭洞抗日自卫中队驻地遗址（佛冈县史志办供图）

第二天，又配合游击队攻打国民党水头凤山粮仓，并组织上潭洞村民100余人参与破仓担粮。

1948年3月，中共佛冈县委批准在青竹、上潭洞地区建立第一个基层乡级政权——青潭乡人民政府，副乡长叶宗石是上潭洞村人。

1948年1月，国民党反动军警对上潭洞村进行极端残酷的"扫荡洗劫"，把全村200多名成年男性全部抓起来，押解到从化县塘肚村集中关押，并以火烧、吊打、过电等残酷手段严加迫害，企图获取共产党组织和游击队的相关情报。但上潭洞人民宁死不屈，其中，中共地下党员和游击队战士叶龙章、朱生财、叶世祥、叶世九、陈永柱、陈必生、陈必灶、黄成福8人惨遭杀害。

1948年秋，陈永柱烈士的胞弟陈东林参加东三支四团陈镜文游击中队，村里的叶宗吉、陈仕华、叶春、叶宗阳等参加佛冈人民义勇大队。

中华人民共和国成立后，中共佛冈县委第一任书记兼县长周辉，为表彰上潭洞革命老区人民对中国、对佛冈解放事业所作出的贡献，将亲笔题写的"劳苦功高"锦旗亲自赠给上潭洞人民。这面锦旗现在存放于佛冈县档案局。

（供稿：钟少军；复核：曾道明）

清远红色文化村

★ 佛冈县石角镇

诚迳村

- 革命先驱宋华
- 挂牌径大捷纪念碑

诚迳村村貌（佛冈县史志办供图）

诚迳村，位于石角镇北部，距镇政府11千米。下辖有格塘、高寨、水口、石龙、高围、大陂坑、大塘、大岭头、白沙9个抗日老区村庄。1989年11月，诚迳村被清远市人民政府评划为抗日老区。

大革命时期，诚迳农民由于生活极度穷困，大批农村青年离家到广州打工。其中在广州做榨油工人的宋华投身革命，并加入共产党。1924年8月，他被选送到农讲所学习。宋华结业后，被广东省农民运动委员会任命为农民运动特派员，被派往清远工作，并到粤北各县指导农运，组织农军，成立苏维埃政权。宋华也是广州油业工会领导成员，曾参加省港大罢工，率领工人赤卫队参加广州起义，起义人员中有诚迳的榨油工人和学生42人。1925年，诚迳建立4个农会，共有

革命先驱宋华故居（佛冈县史志办供图）

会员500余人，公开以犁头会、耕种会、禾黄会等名号出现。在农会领导下，农民自卫军得以建立，并开展反封建斗争。

抗日战争时期，诚迳村一批热血青年参加由中共党员领导的闹钟剧社、佛中学生宣传队、军事训练班和抗日自卫团，这批青年有宋礼民、宋礼遂、宋礼屏、宋礼慈、宋振、宋礼通、宋业海、宋歧山、宋家均、赖永伦、宋礼拥、高大彪、宋振式、赖优、黎成佳。1939年12月30日，日军进犯粤北，败退经过石龙村扬武堂时，诚迳自卫团和中共佛冈县委书记邹华衍率领的水头自卫团严阵以待，迎头截击日军，日军仓皇向南溃退。

1944年夏，根据抗日形势，诚迳村重新成立抗日自卫大队，下设3个中队和1个常备中队。抗日自卫大队装备有步枪80支、手提机枪1挺、手枪5支、弹药一批。大队成立后，击退日军的进犯，保卫了人民生命财产安全。日本宣告投降后，自卫军转为武工队。

解放战争时期，诚迳村成为北江第一支队和东江第三支队活动的根据地。1948年3月，诚迳人民在这两支部队和中共佛冈县委双重领导下，发动支部党员和进步青年在诚迳水口村举行武装起义。起义队伍编为清从花佛人民义勇大队第九中队。同年8月，组建南山武工队。南山武工队主动配合主力作战，在诚迳地区进行大小战斗共38次，比较大的战役有大陂坑反"围剿"、攻打石龙、七齿蚓伏击战、挂牌径战斗，其中挂

牌径大捷奠定了佛冈解放的重要基础。1949年5月30日，北一支主力团和佛冈游击队获得中共地下党组织提供的情报后，在挂牌径地段伏击国民党军。用美国武器装备起来的国民党第三十九军九十一师二七二团一个营，除逃跑的十多人外，全部被歼灭。这一战役，毙敌营长彭焕南及以下官兵120余人，俘敌80余人，并缴获火箭筒1具、六〇炮1门、美制三〇式重机枪2挺、三〇式轻机枪6挺、三〇式步枪80余支、弹药一大批。

1984年11月，中共佛冈县委、佛冈县人民政府在挂牌径地段建成纪念碑。2011年1月，挂牌径大捷遗址纪念碑和革命烈士纪念碑被中共佛冈县委评划为县级革命史迹保护单位。2012年4月，挂牌径大捷纪念碑被佛冈县人民政府公布为佛冈县不可移动文物。

挂牌径大捷纪念碑和革命烈士纪念碑（佛冈县史志办供图）

（供稿：李协湖；复核：曾道明）

★ 佛冈县汤塘镇

官山村

名片

- 解放战争游击根据地村庄
- 中共潖从区工委旧址
- 潖江县工委旧址

官山村村貌（佛冈县史志办供图）

  官山村，位于汤塘镇东部，距镇政府15千米。始建于明末，由部分广东潮州人搬迁至此地而形成。1993年3月，清远市人民政府批准该村为解放战争游击根据地村庄。

  1940年春末夏初，江北特委派谢永宽任中共潖从区委书记，廖宣任组织委员、孔文静任宣传干事，驻该村文昌小学，以教师身份为掩护从事革命活动，先后发展吴素梅、吴榕新（女）、吴世钊、吴会享、吴新强加入中国共产党。后成立官山党小组，孔文静任党小组长。官山党小组开办妇女及青年夜校，举办党员学习班，廖宣、孔文静等亲自授课，人民群众思想觉悟得到很大提高。

  1944年冬，中共潖从区工委依靠贫苦群众，争取时任政府要员的开明人士黄开山的支持，以"抗日自卫保家乡"为号召，建立三乡抗日自卫委员会，并与反动势力作斗争。

中共潖从区工委、中共潖江县工委旧址（现为人民之声官山希望小学）（佛冈县史志办供图）

1948年2月，官山农会成立，吴卓然任会长，吴锦永任副会长，参加农会的农民有40多人。官山农会成立后，首先与高围农会一起配合游击队，抄了国民党联升乡乡长的家，开仓清粮，将2.5万多公斤粮食分给群众，并在智育学校召开庆祝大会。随后，吴卓然又带领农会清算该村地主资产，收缴枪支14支、子弹900发，开仓清粮将3500多公斤粮食分给贫苦农民。农会还动员官山的父老乡亲，把村中的2挺机枪送给游击队。

1948年3月，中共党员吴榕新深入各户，发动成立妇女会，吴榕新任主任，黄湘连任副主任，会员有20多人。吴榕新领导妇女会进行提倡男女平等、婚姻自由、废除童养媳等反封建方面的宣传，动员妇女配合农会清算地主、开仓分粮，并动员村民送子送夫参加游击队。1949年秋，妇女会组织参加支前工作，割1500多公斤马草用以喂马，并设立茶水站，迎接解放大军南下解放广州。

文昌小学旧貌（佛冈县史志办供图）

官山村

1948年春，农会组织青年成立民兵中队，吴福清任中队长，吴超勤任副中队长，队员有30多人。在农会领导下，民兵队伍认真做好维持社会治安、探听侦察敌情等工作。1948年5月，农会组织民兵到从化坪地突围战场抢救伤员，掩埋牺牲的同志。1949年春，民兵们运送武器和粮食500公斤给在横江一带活动的游击队。

解放战争时期，官山村先后有40多位青年参加游击队，并以官山青年为主组建清从佛人民义勇大队飞龙中队，该中队参加大白洞遭遇战、水头耀洞伏击战、古楼山阻击战等大小战斗十几次，其中官山村的青年队员吴宝华、吴新强在战斗中英勇牺牲。

中共潖从区委员会旧址碑刻（佛冈县史志办供图）

（供稿：朱家佑；复核：曾道明）

清远红色文化村

★ 佛冈县汤塘镇

上黎村

名片

- 解放战争游击根据地村庄
- 游击队交通站
- "红军大姐"黄结珍

上黎村村貌（佛冈县史志办供图）

  上黎村，位于汤塘镇政府东部，距镇政府6千米。始建于明中期。上黎村是汤塘通往四九、从化的必经之地，山高林密，地势险要。1993年，上黎村被清远市人民政府评划为解放战争游击根据地村庄。

  由于地理条件优越，自1944年8月起，中共地下党在这里发展党组织，宣布成立上黎村古洞党支部，组织武装队伍。1945年3月，中共潖江县委宣布成立古洞特支，负责古洞、围镇、菱塘3个支部工作。杨山、黄渠成等同志在这里策划武装起义，成立清从花佛人民义勇大队。村党支部带领党员和进步青年20多人加入游击队伍，参加解放战争。

1945年至1946年，党组织先后在三丫树炭厂、上黎、古洞高埔设立3个交通站，分别由谭来福、黄结珍（女）、黄美娴（黄结珍妹）负责。1947年8月，游击队埋藏在担水岃（山名）石洞等地的300多发子弹，由黄结珍、黄美娴两人用子弹做糍馅，伪装探亲，冒险送给在黄花的游击队。1948年2月28日，黄结珍、黄美娴设法护送方觉魂（广东省委负责人）夫人梁雪英、黄渠成夫人黄丽英安全到达从化街口镇。

交通站还多次为隐蔽在山上断粮的游击队送米、送弹药，掩护转移与部队失去联系的游击队员和伤员，为游击队递送情报等。交通站屡次遭到反动武装围捕，但是他们仍不畏艰险，千方百计地出色完成任务，为解放战争时期游击革命活动做了大量工作。黄结珍被北一支司令部命名为"红军大姐"。广东解放后，"红军大姐"事迹被报刊报道，黄结珍受到广东省人民政府表彰，叶剑英接见她和2位少数民族代表，4人合影留念（照片遗失）。

1946年至1948年8月，上黎村先后有40多位青年参加游击战争，8位同志献出了宝贵生命。为迎接南下解放大军，村民卖出40多头大猪，买回3万多公斤粮食支援大军。该村还发动群众献出2000多只鸡蛋，组织30多名青年妇女设立茶水供应站，组织近100人的民工队为大军运输物资、抬担架、带路、送情报等。

1949年3月，国民党联卫乡公所被人民武装摧毁，上黎村得以解放，随即成立人民政府，建立乡、村政权。上黎村农会根据乡人民政府颁布的减租减息条例，开展"二五减租减息"运动。

（供稿：郭治国；复核：曾道明）

连山

红色文化村

★ 连山壮族瑶族自治县吉田镇

井头村

• 连山第一个党支部所在地

井头村村貌（连山壮族瑶族自治县史志办供图）

  井头村，位于吉田镇北部，距镇政府4千米。因村中有一口古井，冬暖夏凉，水质清澈甘甜，故取名井头村。1940年2月连山第一个党支部在井头村建立。

  1939年，国民党广东省银行农贷部选择在连山开辟油桐基地，场部设在井头的虎庙，辖沙田、附城虎叉塘、永和、大富4个工区，招场工1000余人种植油桐，该基地是当时全国一个规模较大的油桐垦殖场。根据中共前北江特委书记黄松坚的指示，中共连阳四属工委决定，派罗耘夫（罗鹭）为连山特派员，于1940年2月成立中共连山油桐垦殖场中心支部，罗耘夫为书记，雷广权为组织委员，丘学澄为宣传委员，邓如珍负责妇女工作。中心支部设在沙田工区虎庙，是连山第一个党支部，下设附城虎叉塘、沙田、大富、永和工区4个党小组，并明确各小组分工任务。在中心支部领导下，

4个党小组分别深入到各阶层群众中去，宣传抗日民族统一战线政策，还设立茶亭，张贴文字宣传标语，同时关心当地群众，帮助群众解决生产上存在的问题，得到群众的欢迎和支持。截至1940年秋，发展垦

中共连山油桐垦殖场中心支部遗址——虎庙　（李凯　摄）

殖场党员15人，中心支部的党员达20多人。1941年春，连阳中心县委负责人周锦照到连山，罗耘夫和邓如珍到曲江另行安排工作。1942年，雷广权、丘学澄等人先后从连山垦殖场撤离。1943年9月，虎叉塘工区党小组组长周兆鸿也离开连山。此后，支部停止活动。

20世纪50年代，在村边虎庙创办连山农科所（示范农场）。2021年5月，连山党员（人才）服务中心在连山农科所开馆，并被打造为全县党员干部开展党史学习教育的重要场所；同年10月，连山（华南863）乡村振兴人才驿站在连山农科所揭牌，为清远市第一家共建的人才驿站。

2021年5月，连山党员（人才）服务中心在连山农科所开馆
（连山壮族瑶族自治县史志办供图）

（供稿：李凯；复核：植成业）

★ 连山壮族瑶族自治县禾洞镇

新阳村

- 红七军途经村庄
- 禾洞中队聚集地、谋划点
- 单昌辉故居
- 解放战争游击根据地村庄

新阳村村貌（李凯 摄）

　　新阳村，位于禾洞镇西部，距镇政府3千米。新阳村是连山解放前入党较早的中共党员单昌辉的出生、成长地，是禾洞农会成立地，也是组建中国人民解放军粤桂湘边纵队桂东人民解放总队贺连人民解放大队禾洞中队的聚集地、谋划点。

　　1931年1月17日，邓小平、张云逸等领导的百色起义红七军从广西桂岭继续北上，侧翼掩护队伍越过入粤第一关——鹰扬关，沿着上草大眼越过芙蓉山出禾洞，途经新阳村，播下了革命的火种。

　　1949年8月中旬，中共广西贺县桂岭区工委指派进步青年单昌辉回到连山禾洞等地开展革命活动，单昌辉回到连山后积极发动一批青年到广西均洞学习培训。9月，中共桂岭区工委委员、贺连大队大队长吴凡率单昌辉、罗斌等30余人，到禾洞开展革命活动，单昌辉、罗斌、黄先洋等组建禾洞中队。10月，单昌辉在桂岭被批准加入党组织。12月，单昌辉等在该村秘密聚会、出谋划策，开展发展壮大禾洞中队等一系列革命工作，借禾洞乡公所自卫队扩充之机，将禾洞中队部分队员融入禾洞自卫队，掌控了自卫队的部分人员和武器；紧抓思想教育工作，策反了自卫队一个排的兵力，变成由共产党领导的"白皮红心"革命力量，为禾洞的解放奠定了基础。

单氏宗祠及单昌辉故居（李凯 摄）

单氏宗祠及单昌辉故居，始建于清道光十六年（1836），占地面积250多平方米，土木结构，青瓦盖顶，保存良好。单昌辉故居内设单昌辉革命事迹陈列馆，包含红七军

单昌辉革命事迹陈列馆（尹远洁 摄）

过连山的基本情况、红七军过连山入禾洞主要人物介绍、红七军长征线路示意图、粤桂湘边纵队贺连人民解放大队禾洞中队基本情况。

1958年12月，新阳村被广东省人民政府评为学习文化先进村；1981年12月被韶关市人民政府评为文明村；2000年2月被清远市人民政府评划为解放战争游击根据地村庄；2017年被广东省爱卫会授予广东省卫生村荣誉称号；2021年创建为特色村。

（供稿：李凯；复核：植成业）

★ 连山壮族瑶族自治县禾洞镇

铺头街村

名片
- 解放战争游击根据地村庄
- 禾洞中队活动地

铺头街村村貌（李士州 摄）

　　铺头街村，位于禾洞镇北部，距镇政府4.2千米。原称谭屋街，因谭姓人居住在此并形成一条街而得名；后随着人口增长、生活富裕，村民开设铺头经商，而称铺头街。2000年2月，铺头街村被清远市人民政府评划为解放战争游击根据地村庄。

　　1931年至1934年，前往中央苏区过程中与大部队失去联系的红军战士，按原路返回广西或寻找大部队的时候，曾有多批失联红军在粤桂湘三省交界的禾洞铺头街休整。红军战士进村后，征求村民同意后住在空屋、宗祠或谭氏门楼中，不占民房，不扰民；就地操练的同时，开展革命宣传活动，在当地播下革命的火种，当地至今还传

铺头街村

贺连解放大队禾洞中队活动遗址——谭宗信旧居（李凯　摄）

颂着"连山大哥，我们都是耕田人，都是穷苦兄弟，不要打我们！我们是专门打土豪劣绅、贪官污吏的，是穷人的军队"的"红军喊话"故事。谭宗信、谭思尧、谭德存、谭生、谭思照等正是受此影响而加入到中国人民解放军粤桂湘边纵队桂东人民解放总队贺连人民解放大队禾洞中队。铺头街村是禾洞中队的主要活动场所，

拴马石遗迹（李凯　摄）

1949年10月至11月，单昌辉、陈怀群、谭宗信等人多次在谭宗信家中开会，发动群众，开展抗"三征"及武装斗争，迎接解放大军的到来。

村中有拴马石遗迹，是当年红军战马在此留下的印迹。

2004年，铺头街村被连山县政府评为文明村；2018年，被广东省爱卫会授予广东省卫生村荣誉称号；2021年，创建为特色村。

（供稿：李凯；复核：植成业）

清远红色文化村

★ 连山壮族瑶族自治县上帅镇

陆屋村

名片

- 解放战争游击根据地村庄
- 粤桂湘边纵队上帅特编连秘密集会地、活动地

陆屋村村貌（李凯 摄）

　　陆屋村，位于上帅镇南部，距镇政府2.5千米。清嘉庆十三年（1808），陆姓先祖从肇庆市怀集县冷坑乡乌必村迁入此地居住，曾用名班陵村。陆屋村是中国人民解放军粤桂湘边纵队桂东人民解放总队贺信怀边游击大队怀北营上帅特编连秘密集会地、活动地。2000年2月，陆屋村被清远市人民政府评划为解放战争游击根据地村庄。

　　1949年6月，根据桂东地工委书记黄传林的指示，成立贺信怀边游击大队后，连山上帅也被纳入游击大队开展武装斗争。9月，中共党员邓应飞受桂北驻桂林联络员李青的指派，秘密回到怀北，以连支联络站为据点，组建武装队伍，并到上帅动员进步青年陈贤才、陆如驰等人在当地组织革命武装。陈贤才、陆如驰接受任务后，发动陈先星、黄万珍、韦桃树、黄千洲等人结成生死与共战斗集体，开展革命武装的组建工作，并不定时在上帅陆屋村陆如驰家或陆屋村后背山陆荫冲家秘密集会。11月15日，中共党员何畏、吴望鸿、潘庆林到上帅向陈贤才了解连山情况，商讨在上帅成立武装队伍的事宜。17日，何畏一行返回贺县南乡途中，在大勃坳休息时，被虞泽彰带领的福堂乡自卫队拘捕。陈贤才得知后，派同乡陈承岐连夜赶往南乡，请求南乡游击队组织营救。同时，陈贤才抓紧组织武装队伍，秘密召集陆如驰、黄万珍、陈兴中、陈先星、杨东宜等骨干到陆荫冲家开会，并且举行宣誓仪式。会后，利用陈、杨、陆三姓人数多、枪支多、亲戚多的优势，分头到各村收集民间的枪支弹药，发动可靠的人加入队伍。11月22日，陈贤才奉命率部前往怀集下帅和中洲参加中国人民解放军贺信怀边游击大队怀北营成立大会，该部被编为第二连的一个排，陈贤才任排长，陆如驰、黄万珍任副排长。24日至26日，他们参加了怀北营组织的围歼广西省保安独立团第七营残部的战斗，在怀集泰米、下帅、中洲交界处的高浪顶歼灭了该营的覃雄才、邓炎森连，俘敌50余人，缴获轻机枪7挺、步枪80多支。11月底，陈贤才率部返回上帅后，利用同宗关系，动员国民党上帅乡乡长陈存衡带领自卫队几十人归顺上帅的革命阵营，使队伍壮大到60人。12月4日，经邓应飞和怀北营批准，上帅排从下帅连中分出，成立上帅特编连，陈贤才任政治指导员，黄亿兰为副指导员，陈存衡任连长，陆如驰任副连长，黄万珍为事务长，下辖3个排，分驻于乡公所所在地、河背、寺观三地布防执勤，维护地方治安和社会秩序。同时深入各村进行革命宣传，张贴标语，发动群众联合起来，打土豪、分田地，此外还开仓济民，储备军粮，做好迎接解放大军到

上帅特编连秘密集会地旧址（李凯　摄）

陆如驰家旧址（李凯　摄）

陆屋村一角（李凯　摄）

来的一切准备。该村另有陆满平、陆如楚、陆如阜、陆如槐、陆沾平、陆如添、陆如雪、陆如桥、陆如庄等参加上帅特编连。

近年来，陆屋村发扬红色革命精神，群策群力、投工投劳致力开展美丽乡村建设，打造成为全县的示范点。2017年被广东省爱卫会授予广东省卫生村荣誉称号；2019年创建为清远市级特色村；2020年被授予为第一批广东省少数民族特色村寨。

（供稿：李凯；复核：植成业）

★ 连山壮族瑶族自治县上帅镇

陈屋村

名片
- 解放战争游击根据地村庄
- 粤桂湘边纵队上帅特编连活动地
- 陈贤才故居
- 上帅特编连纪念室

陈屋村村貌（李凯 摄）

　　陈屋村，位于上帅镇东部，距镇政府350米。因村民均为陈姓而得名，曾用名安宁寨。陈屋村是连山解放前中共党员较早的活动地之一，也是上帅特编连创建者陈贤才生活、工作的地方，中共党员吴望鸿、潘庆林等曾到此开展革命活动，此地也是组建革命武装的活动地。陈存衡、陈先星、陈兴中、陈承年、陈先中、陈先英、陈秉文、陈承浩、陈环甫、陈先棉、陈之课、陈承岐、陈承祥、陈先烈、陈之挈、陈承润、陈先桃、陈先致、陈之存等均参加上帅特编连。2000年2月，陈屋村被清远市人民政府划定为解放战争游击根据地村庄。

　　陈贤才故居，建于清末民初，是上帅特编连创建者陈贤才生活、工作的地方，是解放战争时期中共地下党员邓瑞奇、邓应飞，贺信怀边大队中共地下党员何畏，南乡

陈屋村一角（李凯　摄）

游击队指导员、中共地下党员吴望鸿和潘庆林等传达党的七届二中全会精神、开展革命活动、组建革命武装，多批次中共党员在此居住过的革命遗址。

  2019年，陈屋村利用红色资源在村委办公楼建成中国人民解放军粤桂湘边纵队上帅特编连纪念室，展览面积约40平方米。展览内容主要有组建武工队、围歼歼敌、解放连山第一枪等事迹和上帅特编连指导员名单等，图文并茂地展现了中共地下党员在上帅秘密开展革命活动，以及在中国共产党的领导下上帅特编连开展一系列打倒国民党反动派斗争的艰辛历程。

陈贤才故居（李凯　摄）

粤桂湘边纵队上帅特编连纪念室（李凯　摄）

（供稿：李凯；复核：植成业）

连南
红色文化村

连南瑶族自治县大麦山镇

三洲村

名片

• 解放战争游击根据地村庄

三洲村村貌（大麦山镇政府供图）

  三洲村，位于大麦山镇西南部，距镇政府0.5千米。始建于清朝，该村先祖从军寮迁至此居住而形成。村民原居住的瑶寨建在高山顶上，因能远眺连州、中州（即怀集）、郴州这三个州而取名三洲，曾用名旱洲。1994年老寨因水灾而严重损毁，1994年到1996年期间，村民陆续搬迁至现居住地。1993年，三洲村被广东省人民政府评划为解放战争游击根据地村庄。

  1948年夏，连阳中心县委派遣地下党员潘耀霖、钟文靖等到安田、老虎冲、金鸡、马安等村开展"革命农民兄弟会"活动，发展农会会员，并派遣农会骨干江纪

三洲村

游击队居住处遗址（大麦山镇政府供图）

林、朱房（瑶族）到三洲、中心岗、塘凼、板洞等瑶族村寨发展农会会员。1948年12月8日，连江支队猛虎队在海螺墩村与国民党军队战斗，随后猛虎支队转移到三洲老寨。队员谢东明与队伍失散，在当地瑶族同胞房伯劳九、房买旺二、房佛一等6人掩护下，到达三洲村房伯劳九家中休养。在瑶族同胞帮助下，谢东明找到了部队。1949年3月，连江支队钟文靖率队到寨岗、大麦山一带活动，组编民兵100余人，其中菜坑、中心岗、三洲20余人。

三洲村的瑶族群众冒着被国民党地方当局杀头的危险，大力支持开展革命活动，给游击队当向导、送情报、救治伤员、提供食物等，直到连阳地区全境解放。

（供稿：大麦山镇政府；复核：连南瑶族自治县史志办）

★ 连南瑶族自治县大麦山镇

塘凼村

名片

· 解放战争游击根据地村庄

塘凼村一角（塘凼村委会供图）

  塘凼村，位于大麦山镇西南部，距镇政府约14千米。该村始建于清代，原老寨坐落在山岭上，1987年村民下山重建新村。1993年，塘凼村被广东省人民政府评划为解放战争游击根据地村庄。

  1948年11月，连江支队麦永坚、黄振率领猛虎队到塘凼村等一带开展武装斗争，建立革命根据地。1949年3月，钟文靖武工队在该地区开展革命活动。连江支队在当地休整期间，组织了"反三征"队伍，建立民兵组织，发动革命群众参军参战。塘凼村先后有30多人参加了民兵队伍组织。

塘凼村

游击队伤员借住农户家现址(塘凼村委会供图)

在塘凼村活动期间,村里的年轻民兵赵土贵等给游击队做向导,协助游击队就当地地形地势与国民党部队进行周旋。为了打击敌人的嚣张气焰,游击队在观音崖构筑了简易工事,占据高处有利地形与国民党追兵进行激烈的战斗,国民党追兵仓皇溃逃。

塘凼村凉亭(塘凼村委会供图)

(供稿:塘凼村委会;复核:连南瑶族自治县史志办)

连南瑶族自治县大麦山镇

中心岗村

名片

• 解放战争游击根据地村庄

中心岗村村貌（中心岗村委会供图）

　　中心岗村，位于大麦山镇西南部，距镇政府约14千米。清朝时期在大坪镇军寮排居住的村民经多次迁移，于民国时期迁到中心岗居住至今。1993年，中心岗村被广东省人民政府评为解放战争游击根据地村庄。

　　1948年11月，麦永坚、黄振率领连江支队第五团猛虎队袭击察岗乡公所取得胜利后，瑶族同胞深受鼓舞，祝亚记、邵环、张记洋、赵木、祝德胜、莫保等十几位瑶族民兵积极配合猛虎队行动。为保存实力，部队转移到老虎冲、安田、菜坑、中心岗一带同敌人周旋。队伍在村中休整期间组织学习，还时常到附近的塘凼村、菜坑村宣传革命思想，并组织"反三征"队伍，建立民兵组织，发动群众参军参战。村里瑶族群

游击队员居住地之一（中心岗村委会供图）

众房水四、房生四、黄福等人主动加入游击队。按照部队领导的布置，他们有的持鸟枪，有的持大刀长矛，佯装上山打猎，在各个山头路口设卡放哨。

1949年3月，国民党从阳山县黎埠镇调来据称七百人的部队进剿菜坑，分为两队，一队经白芒的龙塘二耕古坳（地名）沿背面爬上菜坑山顶，企图居高临下向菜坑攻击；另一队到中心岗村后再分成两路，一路从正面进攻，一路从下菜坑方向东翼袭击。考虑到敌我双方力量悬殊，猛虎队决定不与敌人硬拼，派出少数队员与民兵一起到观音庙阻击进村的正面来敌，掩护主力往老莫察、板洞方向转移。部队撤离时，瑶族民兵都要求参加部队。麦永坚队长根据当时的情况，安排民兵在本地坚持斗争，等待游击队再次回来。

连阳地区解放前，武工队经常到菜坑、中心岗一带活动或隐蔽，麦永坚、钟文靖、江纪林等的名字家喻户晓。黄西坪岩石泉水出口处有游击队居住过的遗址，占地面积约300平方米，在老寨也有游击队居住过的遗址，占地面积约200平方米。

游击队员居住地之一（中心岗村委会供图）

（供稿：中心岗村委会；复核：连南瑶族自治县史志办）

★ 连南瑶族自治县三江镇

大石坪村

· 解放战争游击根据地村庄

大石坪村村貌（杨玉祥 摄）

　　大石坪村，位于三江镇东南部，距镇政府约1千米。解放战争时期，在中共地方组织的领导下，武工队和游击队长期在大石坪村老寨一带开展革命活动。1993年7月，大石坪村被广东省人民政府评为解放战争游击根据地村庄。

　　1947年12月，根据连阳中心县委书记兼阳山人民抗征自救大队政委张彬的指示，在联一管理区建立了中共支部，由杨青山、文超、邓赞等人在九陂镇田心村(石梨子)成立暴动委员会。杨青山、文超一边安排杨登秘密发展"自卫队"，一边组织群众进行革命活动。

1949年春,杨青山、文超、邓赞、杨纯等为了进一步发动贫苦农民进行革命斗争,分派武工组在大石坪等自然村开展串连发动工作,向村民宣讲革命道理。武工组得到当地村民大力支持和配合,1949年秋,发动加入秘密群众组织和"自卫队"的群众有70多人,其中有的被选拔参加了武工队。桑塘、大石坪等自然村连成一片,具有深厚群众基础,形成了革命党人和游击队活动的根据地,为夺取革命胜利、迎接连阳地区解放奠定了坚实的基础。

(供稿:夏海云;复核:李海燕)

大石坪村革命斗争简史碑(叶荣华 摄)

连南瑶族自治县三江镇

金坑村

- 反三征自卫队
- 沈一公
- 红色革命教育基地

金坑村村貌（金坑村委会供图）

  金坑村，位于三江镇西北部，距镇政府12千米。解放战争时期，金坑村为连南解放作出了积极贡献。

  1949年夏，连江支队决定开辟金坑、大小龙山、禾洞这块粤桂湘三省接合部为游击根据地。8月，杨青山武工队派遣黄安、黄德等同志进入金坑活动，通过瓦角冲瑶族同胞房文养（又名大肚王），争取到金坑地区有威望的老人沈一公的支持，组织约10名村民成立反抗国民党统治的金坑反三征自卫队（反三征即"反征粮、反征税、反征兵"），并订下条约："坚决与共产党武工队合作，不准国民党进入瑶区，同心协力推翻国民党统治。准许武工队在金坑大小龙山地区活动，并协助保护武工队在瑶区的安全。积极串联发动群众，组织瑶族革命队伍支持武工队开展武装斗争。"连阳地区解放后，沈一公连续两届当选连南瑶族自治县人民政府副县长。

为追寻革命先烈的红色足迹，保护红色资源，发挥红色革命资源在开展爱国主义教育和革命传统教育中的积极作用，连南县委、县政府于2020年投资建设金坑村红色革命教育基地。

金坑反三征自卫队展厅（金坑村委会供图）

金坑反三征自卫队展厅雕像（金坑村委会供图）

游击小分队雕像（金坑村委会供图）

（供稿：房火妹；复核：廖学军）

清远红色文化村

★ 连南瑶族自治县寨岗镇

#

名片

- "白屋"
- 红色革命教育基地
- 解放战争游击根据地村庄

安田村村貌（王华 摄）

  安田村，位于连南瑶族自治县政府东南部，距寨岗镇政府约5.4千米。解放前，此地常年缺水，经常闹旱灾，故取名为旱田村，1954年安田和金鸡域内修筑了长6千米的水利工程，农田得以灌溉，生活用水有了保证，因方言"旱"与"安"音近，从此将"旱田"改为"安田"，意为生活安稳。解放战争时期，连江支队游击队在该村开展革命活动，在安田村海螺墩等村庄召开会议、演习操练。1993年，安田村被广东省人民政府评划为解放战争游击根据地村庄。

  1948年11月23日，麦永坚率领猛虎队在中共地下组织的配合下，不费一枪一弹占

安田村

海螺墩自然村标识（王华 摄）

领了寨岗乡公所，后来由于国民党反动武装的反扑，猛虎队撤出寨岗乡，向安田一带转移。

同年12月7日晚，猛虎队到达安田村海螺墩，敲开"白屋"大门，事先接到通知的屋主梁东海将80多名猛虎队队员迎进屋。猛虎队将村民准备好的稻草铺在祠堂上下厅就地休息。

8日下午3时左右，猛虎队正在上军事课，突然，放哨的班长急步回来通知，在寨岗方向有200多人的国民党兵向"白屋"扑来。主持上课的副队长黄振立即宣布停止上课，清扫住地，全体队员到门口集中。各班战士很快就将借来的东西归还了群众，把住地打扫干净，来到门口列好队。这时敌人已逼近至四五百米了，"白屋"门口的坪前面有一堵近2米高的围墙遮挡了敌人的视线，队伍没被敌人发现。

由于敌强我弱，猛虎队为了避免和国民党军正面交锋，从祠堂左侧后门向村后的山上转移。当行至半山处的一条横排小路时，敌人已扑到山脚，用两挺机枪和步枪对准猛虎队射击。猛虎队边打边撤退，麦永坚命令三班阻击敌人，一班（机枪班）迅速占领有利地形，将敌人的火力压下去。

猛虎队在山上与国民党军激战一个多小时，摆脱了敌人的纠

安田村海螺墩"白屋"旧貌（王华 摄）

"白屋"现状(曾国栋 摄)

"白屋"内部展陈(曾国栋 摄)

缠,向瑶区三洲转移,半夜到达三洲村。随后,部队摆脱国民党兵的重重围追堵截,突围返回了根据地界滩。

2016年,连南县革命老区建设促进会把"白屋"作为安田老区纪念地,拨出专项资金重建白屋,并保持建筑原貌。现"白屋"已成为全县青少年爱国主义教育基地。2022年,由中共连南瑶族自治县委宣传部牵头,再次将"白屋"打造升级,整体展示连南革命历史,使"白屋"遗址成为功能齐全、有特色的连南红色革命教育基地。

(供稿:潘渊祥;复核:连南瑶族自治县史志办)

★ 连南瑶族自治县寨岗镇

廻龙村

名片

- 鱼冲革命烈士纪念碑
- 鱼冲突围战遗址

廻龙村村貌（王华 摄）

廻龙村，位于寨岗镇西南部，距镇政府4千米。鱼冲是廻龙村的一个自然村，含宝山、鱼石、隔江、寨脚等四个村民小组。鱼冲后依白石眉山，前傍白芒河。解放战争时期鱼冲突围战就发生在此地。

1948年12月9日，麦永坚原计划率猛虎队趁黑夜敌人不备越过寨岗，返回根据地界滩。但是，奸细蔡马南故意带着部队在山路上兜圈，把部队带到山高林密的鱼冲山坑隐蔽休息。

12月11日，部队叫蔡马南回家做饭，蔡马南出山后便向寨岗乡公所告密。寨岗乡长罗健忠随即威胁并驱使各保各村的群众自带武器齐集乡公所，并电告黎埠圩陈国良，陈国良当即派陈佩雄带领200人的地方武装赶到寨岗增援。11日下午，敌武装及被胁迫来的群众千余人包围了鱼冲坑。麦永坚、黄振、朱咏仪（女）三人站在一块凸石上瞭望，突然一声枪响，敌军打中了朱咏仪的脚踝。麦、黄两人迅速组织部队抵抗，刹那间，山冲四周枪声大作。在混乱的对射中，敌方头目陈佩雄被我方战士击中，子弹从其左耳边穿至后脑部，陈当场昏死过去。

鱼冲战斗遗址（潘渊祥　摄）

　　麦永坚、黄振沉着冷静、机智勇敢地率领猛虎队寻找突围战机，并确定以界滩为会合地点，鼓励战士们伺机勇敢突围。

　　傍晚，战士们带着枪支弹药轻装突围。战士们先向崖顶扫射，打得敌人不敢抬头，战士们则抓住有利战机爬上山崖，向敌军投掷手榴弹。随后战士们一个接一个地爬上了崖顶，集队往瑶区横坑排方向转移。

　　部队分散突围冲出鱼冲坑后，在崎岖山路、交通要道、瑶寨都遭到了敌军重重的围追堵截。其中，麦永坚、黄振等二十人到了蜈蚣田瑶寨，请当地瑶民带路，在水足

鱼冲革命烈士纪念碑（钟淑敏　摄）

塘遭遇反动地主武装设点拦截。战斗从上午持续到黄昏，半夜，部队越过敌人警戒线，向界滩转移。途中，又遭到敌人的两次袭击，经几个回合的交锋，部队才返回界滩。

鱼冲突围战前后，莫发、高沽、黄全等8人壮烈牺牲，朱咏仪、黎章房、李明、梁珠、邹北扬等22人被俘后英勇就义，被敌人杀害于黎埠、阳城、广宁等地。

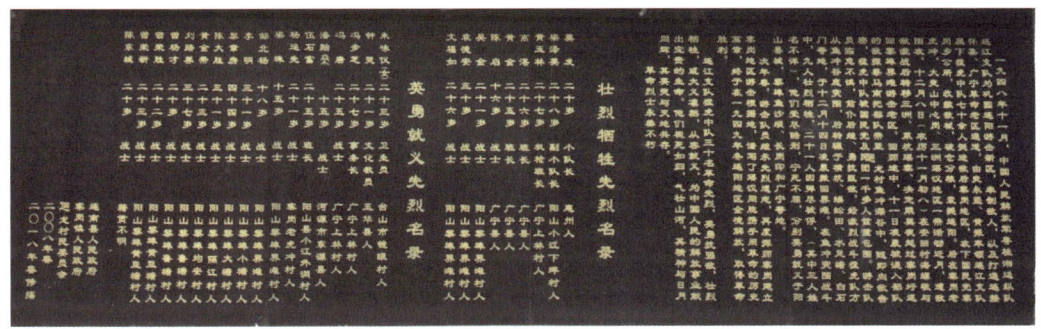

鱼冲革命烈士纪念碑碑文（钟淑敏 摄）

为纪念在战斗中牺牲的猛虎队战士，2008年，廻龙村积极筹集资金，在市、县革命老区促进会和当地政府的支持下，在鱼冲口建立了鱼冲革命烈士纪念碑，碑座铭刻着27名在鱼冲突围战斗前后英勇献身的革命烈士英名、3名无名烈士。纪念碑所在园区占地面积1600平方米，碑高11.1米。

（供稿：潘渊祥；复核：连南瑶族自治县史志办）

清远红色文化村

★ 连南瑶族自治县寨岗镇

名片

• 解放战争时期游击根据地村庄

老虎冲村

老虎冲村村貌（王华 摄）

老虎冲村，位于寨岗镇西南部，距镇政府8.2千米，辖老虎冲一、老虎冲二、茶坳、结佛、竹络、坪头岭、南坑塘、碑基石一、碑基石二、碑基石三、碑基石四及杨屋12个村民小组。因此地多为山谷地带，旧时山深林密，常有老虎出没，故取名老虎冲村。解放战争时期，老虎冲村的广大群众紧密配合和积极参加中共组织开展的革命活动和武装斗争。1993年，老虎冲村的碑基石、老虎冲、竹络、结佛等自然村被评为解放战争时期游击根据地村庄。

老虎冲村

碑基石村——解放战争时期游击根据地村（杨慧敏 摄）

碑基石村（杨慧敏 摄）

老虎冲村南通板洞，西连大麦山瑶寨，北接寨岗安田村。解放战争时期连江支队猛虎队在含大麦山在内的寨岗地区开展革命斗争。1948年下半年，在中共地下党组织的领导下，老虎冲村村民积极参与反征粮、反征税、反征兵"三反"斗争，碑基石、老虎冲、茶坳、结佛、竹络等自然村还秘密发展农民兄弟同盟会和民兵组织。1948年11月下旬，猛虎队攻打国民党寨岗乡公所取得胜利后辗转至安田、老虎冲一带，村民杨运先加入猛虎队，在鱼冲突围战斗中被俘后牺牲。1949年3—4月，钟文靖率武工队在安田、老虎冲、中心岗一带活动，开展武装斗争。游击队在当地活动及

竹络岩洞内景（王华 摄）

开展武装斗争期间，当地村民积极参加革命活动。

老虎冲村所辖碑基石自然村背靠大山，前为峭壁，易守难攻，连江支队游击队曾先后多次到该地驻扎。竹络自然村后山有一可容纳100多人的岩洞，游击队在竹络自然村活动期间，驻扎在山洞休整和组织学习。

（供稿：潘渊祥；复核：连南瑶族自治县史志办）

阳山

红色文化村

清远红色文化村

★ 阳山县小江镇

田心村

名片

- 中共地下交通站——四健作坊遗址
- 阳山县第一个农村党支部
- 阳山人民武装起义民兵秘密训练遗址
- 阳山人民武装起义誓师地遗址
- 阳山人民武装起义纪念碑

田心村村貌（许明辉 摄）

田心村，位于小江镇北部，距镇政府约9.3千米。田心村是阳山县著名的革命老区。1993年4月，田心村被清远市人民政府评划为解放战争游击根据地村庄。

1938年冬，田心村的梁呈祥、梁受英和梁栋祥经毛鸿筹介绍加入"阳山县青年抗敌同志会"，一批批地下党员在这里陆续举办"民众夜校"，创办《民声报》，设立秘密图书室，开展抗日保家宣传，组织秘密武装。

1945年5月，梁格夫回到小江乡下坪村开展党的地下工作，在田心村开设四健作坊，对外经营蒸酒、磨豆腐等买卖和养猪，实则为中国共产党的地下交通站，接待过往的地下党员，进行革命活动。同时，作坊的经营所得用于购买枪支弹药，为武装起义做准备。

1946年2月，中共小江区委成立，不久下坪党小组成立。6月，在小江乡下坪村梁柱均家成立了全县第一个农村党支部——中共下坪支部，下坪红色力量不断壮大，为日后阳山人民武装起义提供重要骨干力量。

1947年4月，下坪党支部领导群众建立秘密武装，组织革命兄弟会，后会员发展到120多人。为提高军事素质，革命兄弟会在田心村松树林进行集中武装训练。

在武装起义准备阶段，中共连阳中心县委书记张彬多次秘密进入下坪检查准备情况，中共粤桂边区工委也陆续派出肖少麟、成崇正、黄振、谭苏、肖怀义等军政干部前来指导，帮助组织指挥阳山武装起义。

1948年7月中旬，武装起义的意图被国民党察觉，中共下坪支部决定当晚举行武装起义，旗号为"阳山人民抗征抗暴义勇队"，梁呈祥任队长。晚上，在下坪田心村羊仔墩晒地上聚集200多人，队长梁呈祥宣布37名参加起义的人员名

四健作坊——地下交通站（小江镇政府供图）

阳山县第一个农村党支部——中共下坪党支部旧址（李学森　摄）

阳山人民武装起义民兵秘密训练遗址——松树林（小江镇政府供图）

单，连同中心县委领导和粤桂边区工委派来的军政干部共46人参加起义队伍，未编入伍的武装人员组成民兵第一中队，留守保卫家乡。誓师后，起义队伍连夜向大东山进发。

1948年7月23日，阳山人民抗征抗暴义勇队一举攻下国民党西江乡公所，活捉乡长郭汉亭，缴获16支枪和一大批粮食，首战告捷。8月16日，阳山人民抗征抗暴义勇队与冯光、周明率领的连江支队第一团飞雷队在黄坌乡高陂村胜利会师。

为了纪念阳山人民武装起义和传承阳山红色革命精神，2001年11月，建成阳

阳山人民武装起义纪念碑（李学森 摄）

阳山人民武装起义陈列馆第一展厅（小江镇政府供图）

田心村

羊仔墩晒地——阳山人民武装起义誓师遗址（小江镇政府供图）

山人民武装起义纪念碑。2008年5月，建成阳山人民武装起义陈列馆，主要用于介绍阳山人民武装斗争的事迹。2019年6月，阳山人民武装起义纪念碑和阳山人民武装起义陈列馆（阳山小江革命斗争历史展厅）被评定为清远市中共党史教育基地（第二批）。

（供稿：向雪欣；复核：李学森）

清远红色文化村

★ 阳山县小江镇

沙坪村

名片

- 罗汉塘伏击战
- 冯光牺牲地

沙坪村村貌（许明辉 摄）

  沙坪村，位于小江镇北部，距镇政府约8千米，解放战争时期曾发生激烈的罗汉塘伏击战。

  1949年，阳山的国民党反动势力企图对游击区进行全面清剿，阳山县武装斗争力量积极开展反清剿斗争。1月21日，国民党派县长李谨彪和营长王笃祥率领三四百人，夹击小江罗汉塘游击区，继而清剿上坪、下坪和外洞一带。连江支队司令部获悉情报后，立即召开紧急会议，决定集中兵力在罗汉塘沙坪进行伏击，粉碎国民党的清剿计划，保护游击区人民。冼润泉中队、猛虎队、雄狮队、快流队、尔岳队和罗汉塘、上坪、下坪三个民兵中队400多名指战员，接到命令后，从四面八方赶到罗汉塘韦屋附近待命。

1月22日清晨，罗汉塘战斗打响，双方边打边抢占制高点，山上山下枪声四起。各参战部队指战员和民兵英勇作战，无

罗汉塘伏击战遗址——沙坪村狮子山（小江镇政府供图）

数次击退国民党军进攻。连江支队司令员冯光既是指挥员，又是战斗员，他击毙敌军10多人，其中包括1名指挥官。战斗从当天拂晓一直打到下午3点多，毙伤敌军三四十人，其中包括营级指挥官1名。此战，游击队也损失较大，冯光在长时间对战中中弹牺牲；副班长欧西、战士李土和在负伤后牺牲。1993年，为纪念冯光司令员，阳山县将其牺牲地狮子山附近的香元小学改名为冯光小学。

冯光（1920—1949），又名冯石生，1939年加入中国共产党。1944年7月25日，在日本侵略军偷袭广州地区游击队第二支队新编第二大队植地庄战斗中，为掩护部队主力突围，冯光率领7名战士坚守番禺植地庄，击毙日本大佐以下70余人，冯光等八人被誉为"植地庄八勇士"。1947年粤桂湘边工委成立，建立连江支队第一团，1948年2月冯光任连江支队司令员。1949年1月22日，冯光在罗汉塘伏击战中中弹牺牲。

冯光小学（小江镇政府供图）

（供稿：向雪欣；复核：李学森）

清远红色文化村

★ 阳山县黎埠镇

大围村

名片

- 解放战争游击根据地村庄
- 钟文靖武工队活动区
- 水井民兵誓师大会遗址

大围村村貌（许明辉 摄）

  大围村，位于黎埠镇东部，距镇政府20千米。大围村是阳山县革命老区，钟文靖曾在此建立武工队并开展革命活动，并举行水井民兵誓师大会。1993年4月，大围村被清远市人民政府评划为解放战争游击根据地村庄。

  1948年7月，根据阳山地区革命形势，钟文靖受连阳党组织安排，到黎埠水井山区开展革命活动，进入以水井山区为中心的农村，发动群众，组织武装斗争。通过挨家串户秘密宣传，吸收了一批贫苦农民加入农民分田分地会，该农会成为武装斗争的坚强后盾。9月，根据中共连阳中心县委和阳山人民抗征自救大队的决定，钟文靖建立武工队,由钟文靖任指导员兼队长,队员有陈火胜、蓝富、张火旺、刘秀、肖木兰、傅金、李明等10多人。同时组建起水井山区127人的民兵武装。9月底,在大围村旁的大庙(也称太平祠)召开全水井山区的民兵誓师大会,钟文靖作动员报告,鼓励民兵拿起枪杆子跟着共产党进行革命斗争,并将民兵以村或邻村为单位进行编队、编组,明确队伍的任务是巡逻、放哨、防奸、防特、侦察、配合部队作战等。之后,武工队不断发展壮大。10月,钟文靖与杨青山、张源武工队合并编为6个班,共有八九十人。10月至12月,先后为主力部队输送优秀战士100余人,并积极配合党的作战部署,保护广大群众的生命财产安全。1948年12月,参加鱼冲突围战,队员陈火胜、文福如、黎章房、刘路养、黄金带被俘后牺牲。

大围村旁的大庙——水井山区民兵誓师大会遗址(黎埠镇政府供图)

(供稿:向雪欣;复核:李学森)

清远红色文化村

★ 阳山县小江镇

小江街村

- 解放战争游击根据地村庄
- 中共阳山小江区委小江地下交通站遗址
- 陈枫同志革命事迹陈列室

小江街村村貌（许明辉 摄）

  小江街村，位于小江镇中部，是镇政府所在地。小江街村是阳山县革命老区，这里曾建立党的地下交通站——民康杂货店，成立中共阳山小江区委，是革命前辈陈枫的故乡。1993年4月，小江街村被清远市人民政府评划为解放战争游击根据地村庄。

  1946年6月，中共下坪支部成立后，往来小江街的中共地下党员愈加频繁，党在小江的活动更加活跃。中共小江区委决定开设名叫"民康"的杂货店，把下坪村四健作坊的全部资本转移到小江街。8月，民康杂货店开业，大门上贴着大红对联，上联为

"民族、民权、民生三民主义";下联为"康宁、康乐、康健三条要求"。中共小江区委就设在杂货店,同时此杂货店也是区委的地下交通站,掩护接送前来指导工作的上级领导和过往的中共地下党员,并及时传递党的指示。

民康杂货店遗址(现为小江镇小江大街50号云珠药店)(小江镇政府供图)

陈枫(1916—1986),字文贤,又名哲平、国梁。1916年生于黄坌圩,7岁随父定居小江街。1938年加入中国共产党,10月建立阳山第一个党组织——中共阳山县支部。抗日战争期间担任中共地下党组织的领导,进行革命斗争;解放战争时期任中共广西城工委书记等职务;新中国成立后曾任柳州市委书记、南宁市委书记兼市长;1965年调任至外交部,历任驻阿富汗、布隆迪、冰岛、毛里求斯大使;1984年离休,享受副部级待遇;1986年8月在北京逝世,终年70岁。

陈枫同志革命事迹陈列室(小江镇政府供图)

(供稿:向雪欣;复核:李学森)

★ 阳山县黄坌镇

高陂村

- 高陂会师
- 中共粤湘边临时工委成立地
- 连江支队司令部驻地
- 坚守高陂一百零八天战斗纪念碑

高陂村村貌（许明辉 摄）

  高陂村，位于黄坌镇北部，距镇政府12千米。高陂村是解放战争时期中国共产党领导下大东山游击根据地的门户，是连江支队飞雷队与阳山人民抗征抗暴义勇队胜利会师之地，也是连江支队司令部驻地。此地是国民党部队重点清剿地区，在这里曾经发生过坚守高陂108天的战斗。1993年4月，高陂村被清远市人民政府评划为解放战争游击根据地村庄。

1948年8月16日，连江支队司令员冯光、政委周明率领连江支队第一团飞雷队与阳山人民抗征抗暴义勇队在高陂村胜利会师，在永安炮楼建立指挥中心。1949年2月5日，马奔率领连江支队第二团火箭队300多人，携带枪支弹药等，从英清边经大湾、英阳、秤架到达高陂，与阳山地区活动部队会师。

1949年3月，中共粤湘边临时工作委员会成立，周明任工委书记，蔡雄为副书记。会议还研究了连江支队司令部机构设置问题，周明任司令员兼政委，马奔任副司令员，蔡雄任副政委，陈奇略任政治部主任，司徒毅生任政治部副主任。政治部下设组织科、宣传科、统战科。司令部下设参谋处、供给处、卫生队。

连江支队主力部队离开后，驻守高陂的民兵第六中队只有76人，步枪、火枪等46支。国民党军趁此人民武装力量薄弱时刻大举发动围剿。1949年8月13日至11月28日，国民党军出动400多人，最多时达1000多人，配备六〇迫击炮2门、轻重机枪5挺等武器，采取强攻、火攻、夜攻、断水、断粮、劝降、诱降等各种手段轮番围攻高陂村，企图一举消灭留在阳山的人民武装力量。民兵第六中队贯彻执行上级"坚守高陂，保卫根据地，

永安炮楼——连江支队司令部驻地遗址一角（黄坌镇政府供图）

永安炮楼（黄坌镇政府供图）

保卫人民"的命令，奋起抗击，在武工队和各地民兵的配合下，以土枪土炮击退了国民党军数十次的进攻，歼敌60余人，民兵伤亡4人。此次反清剿自卫反击战，高陂民兵利用炮楼的地理优势击退国民党军，以少胜多、以弱胜强，在粤桂湘边人民解放斗争史上留下了光辉的成绩，创造了坚守高陂108天战斗历史。

1950年9月25日，高陂村民兵代表光荣出席在北京举行的全国战斗英雄代表大会和全国工农兵劳动模范代表会议，受到毛泽东主席等党和国家领导人的亲切接见，并被授予"全国民兵英雄"称号和勋章。2001年秋，坚守高陂一百零八天战斗纪念碑建成，2021年重修，并在纪念碑旁边设立思源室，用以缅怀革命先烈，纪念革命前辈的丰功伟绩，铭记黄坌地区的革命斗争历史。

坚守高陂一百零八天战斗纪念碑（黄坌镇政府供图）

（供稿：向雪欣；复核：李学森）

★ 阳山县黄坌镇

江咀村

名片

- 解放战争游击根据地村庄
- 江咀袭击战遗址

江咀村村貌（许明辉 摄）

　　江咀村，位于黄坌镇北部，距镇政府11千米。坐落于大东山东南面，因村庄建在鸡婆咀山而得名江咀村。1993年4月，江咀村被清远市人民政府评划为解放战争游击根据地村庄。

　　1949年3月，中共粤湘边区临时工委和连江支队司令部在黄坌高陂村宣布成立，同时组织主力部队向湘南进军，发展粤湘边和扩大连江地区的武装斗争范围，迎接广东解放。国民党军趁着我军主力北上之机，对黄坌游击区特别是高陂进行疯狂清剿，不断进犯江咀。9月中旬，连江支队司令员兼政委周明收到情报：国民党军派吕桂生率中队30多人已经在江咀设立了军事据点，配有轻机枪一挺、长短枪40多支，并伐木筑起四面围墙，驱赶村内群众，日夜设卡搜查过往行人，封锁通向高陂村的道路。由于江咀是小村庄，只有一个门楼进出，周围建有围墙，且与高陂村仅一山之隔，至高陂村的路程不超过一小时，加上江咀村是游击区大坪岭通向秤架或经大塘坳到高陂的必经之地，游击队领导决定派猛虎队拔掉国民党军这个关键据点，黄堂武工队负责配合。

9月20日，猛虎队和武工队从驻地秤架东坑坪出发，前往邻近江咀村的白竹塘村扎营。21日晚上从白竹塘出发，绕道到达江咀村南边小坑冲（小山冲），并设立指挥所，由猛虎队队长麦永坚负责临战指挥，开展突袭江咀据点行动。9月22日凌晨，手枪队队长邵甫带领手枪班和步枪班共20余人，直接爆破据点围墙，炸开敌营房，以迅雷不及掩耳之势快速发起进攻。其余大部分兵力在江咀西南方，阻击前来增援的国民党军。最后，猛虎队和武工队燃烧稻草封锁敌人出路，除吕桂生数人侥幸逃脱，共歼敌20余人、俘虏7人，缴获枪支弹药一批，成功拔掉国民党军深入黄坌游击区的一个据点。

江咀袭击战遗址——敌营房残墙（黄坌镇政府供图）

1949年9月22日的黄坌江咀袭击战，是连江支队第五团猛虎队在阳山的最后一战，之后队伍北上湖南。此役战斗激烈，不仅消灭了国民党军江咀据点，打击其嚣张气焰，而且保护了游击区人民群众的生命财产安全，增强了人们坚持反清剿斗争的志气。在战斗中，手枪队队长邵甫、文化教员陈继贵牺牲，小队长陈彩身负重伤。

（供稿：向雪欣；复核：李学森）

★ 阳山县黄坌镇

黄坌村

名片
- 解放战争游击根据地村庄
- 夜袭黄坌乡公所战斗
- 黄坌民兵誓师大会

黄坌村村貌（许明辉 摄）

　　黄坌村，位于黄坌镇中部。黄坌村是阳山县著名的革命老区，抗日战争时期就有党的活动踪迹，是革命前辈陈枫的出生地。在这里建立了黄坌民兵中队，举行民兵誓师大会，还发动了夜袭黄坌乡公所战斗。1993年4月，黄坌村被清远市人民政府评划为解放战争游击根据地村庄。

　　1948年8月，随着阳山人民抗征自救队的成立，全县范围内掀起民兵组建热潮，黄坌乡第一民兵中队成立，李土生任中队长。同年9月底，黄坌地区和岭背大坪组织建立了9个民兵中队，约974人，民兵队伍帮助部队筹粮运粮、站岗放哨、锄奸肃奸或者直

陈枫故居（黄坌镇政府供图）

接参加战斗。为壮大革命声势，鼓舞民兵斗志，1949年2月上旬，中共阳山人民抗征自救队党委决定对黄坌地区9个民兵中队（包括岭背大坪中队）举行一次誓师大会。大会由阳山人民抗征自救队武工队长梁受英主持，阳山人民抗征自救队政委张彬、阳山人民抗征自救队大队长梁天培发表讲话，并颁发民兵干部委任状。黄坌民兵组织在战斗中发挥探路、运送物资和情报、参军参战等作用，成为解放战争时期阳山县的重要武装力量，尤其是在坚守高陂108天战斗、鱼冲突围战中作出巨大贡献。

1948年10月上旬，阳山人民抗征自救队（后称连江支队第五团）集中"猛虎""铁流""雄狮"三个中队的兵力，对国民党黄坌乡公所发动突然袭击。游击队严密包围黄坌乡公所，用炸药炸开黄坌炮楼，手枪班队员在前冲锋。面对突袭，黄坌乡公所毫无还击之力，乡公所自卫班20多人被俘，游击队缴获枪支三四十支，粮食、财物一大批。

（供稿：向雪欣；复核：李学森）

★ 阳山县秤架瑶族乡

东坑坪村

名片

- 连江支队东坑坪会议
- 阳山人民抗征自救队成立地
- 东坑坪农会
- 连江支队医疗点

东坑坪村村貌（许明辉 摄）

  东坑坪村，位于秤架瑶族乡西北部，距乡政府约25千米。连江支队和粤湘边临工委曾在这里召开会议，东坑坪村还是阳山人民抗征自救队的成立地，曾建立东坑坪农会，组建连江支队第五团，遍布红色革命踪迹。1993年4月，东坑坪村被清远市人民政府评划为解放战争游击根据地村庄。

  1948年8月16日，连江支队司令员冯光、政委周明率飞雷队第二次挺进连阳，到达黄坌乡的高陂村，与阳山人民武装起义队伍胜利会师。会师后，经过南坪大战、三山休整，大部队转移至东坑坪，在黎氏祠堂召开飞雷队与阳山人民武装起义部队干部扩大会议。会议决定，飞雷队中麦永坚、杨雄带领的第二中队的两个排留在阳山，与阳山起义部队合编为阳山人民抗征自救队，梁天培任大队长，麦永坚任副大队长，张彬任政委；由张彬、梁天培、麦永坚组成大队党委，连阳中心县委书记张彬兼任大队党委书记，统一领导部队和阳山中共地方党的工作。为使在战斗中负伤的战士得到及时救治，连江支队在东坑坪设立医疗点。武工队队长杨青山、机枪手李安邦、游击战士张土石等曾在东坑坪医疗点接受治疗，痊愈后归队。

1948年冬，东坑坪民兵中队成立，由邓应任中队长，有86名民兵。在共产党的领导下，东坑坪群众在黎氏祠堂（尾房祠堂）组织成立东坑坪农会，农会主席由东坑坪民兵黎罗怡担任。农会主要任务是发动群众打击反动势力、开展反"三征"及减租减息运动、支援部队，尤其是协助保障部队的粮食供给、伤员救治。东坑坪农会会员曾参加运粮大军，从朝天乡东洞、连县潭源洞步行45公里左右把1万公斤稻谷担回东坑坪储存，解决了连江支队挺进湘南部队在东坑坪集训时期的粮食问题。

1949年4月初，阳山人民抗征自救队在东坑坪宣布改编为中国人民解放军粤桂湘边纵队连江支队第五团，梁天培任团长，张彬任政委，麦永坚任副团长，辖11个武工队。

黎氏祠堂，始建时间不详，1948年重建，坐北向南，砖木结构，1988年再次重修，整体保存尚好，是阳山人民抗征自救队成立地和东坑坪农会成立旧址。

黎氏祠堂（秤架瑶族乡政府供图）

（供稿：向雪欣；复核：李学森）

★ 阳山县秤架瑶族乡

英明村

名片

· 湘粤边赤色游击队整训遗址
· 捍卫秤架乡新政权战斗

英明村村貌（许明辉 摄）

英明村，位于秤架瑶族乡北部，距乡政府约1千米。中华人民共和国成立前，英明村是乡政府所在地。英明村是湘粤边赤色游击队整训之地、捍卫中华人民共和国成立后秤架乡新政权战斗发生地。

1929年9月，湘粤边赤色游击队成立。1932年，李兆甲、刘汉、彭良等率领游击队及武装群众400余人，持180余支长枪、80余支短枪，集结在秤架牛子营整训，时长20天，整训声势浩大，同时武装控制连（县）、阳（山）、宜（章）、乐（昌）、乳（源）边一带，并出击黄沙、笆篱国民党军，威慑国民党地方组织。郴（县）、宜（章）、永（兴）等九县国民党团防区不得不联合所属各县地方反动武装进行会剿，

但当国民党军到秤架会剿时,游击队又回到宜章,把赤石区的"挨户团"和"铲共队"一网打尽,游击队的战术使得国民党军晕头转向,疲于奔命。1934年,李兆甲被国民党军警逮捕并杀害。

1949年12月27日,武工队队长黄堂率队到秤架组建秤架乡人民政府,乡人民政府设在秤架上街原国民党乡公所旧址,乡公安队和冬防队也驻这里。1950年3月7日,副乡长陈子雄与原国民党秤架乡乡长陈利民勾结,派反动分子轰炸乡公安队,因此秤架乡人民政府迁至下街"坤泰"商号,乡人民政府工作人员和公安队员住在商号里面,冬防队住在商号斜对面。3月18日深夜,陈利民带领300多人突然攻打秤架乡人民政府。乡人民政府工作人员和公安队员只有29人,但他们不惧强敌、奋力抗击,毙敌3人、击伤5人。坚守3天后,乡人民政府决定组织突围,并派人到西山请求增援。4月4日,在100多名人民解放军的有力支援下,秤架乡人民政府工作人员、公安队员直捣秤架圩,迅速夺回秤架乡人民政权的驻地。在这场捍卫秤架乡新政权战斗中,有19名解放军战士及3名民兵牺牲。

湘粤边赤色游击队整训遗址——古炮楼(秤架瑶族乡政府供图)

"坤泰"商号原是国民党政府秤架乡副乡长梁耀宗的住宅和商店。秤架解放后,梁耀宗逃回秤架东岭木闸,纠集"反共救国军"反攻新生政权,被抓获后执行枪决,"坤泰"商号被阳山县人民政府没收。

(供稿:向雪欣;复核:李学森)

河边村

★ 阳山县黎埠镇

河边村

名片

- 解放战争游击根据地村庄
- 界滩税站
- 碌石磅战斗

河边村村貌（许明辉 摄）

　　河边村，位于黎埠镇东北部，距镇政府约13千米。河边村曾建立的界滩税站，成为党领导下部队的重要经济来源和物资运输枢纽；同时河边村也是碌石磅战斗的遗址。1993年4月，河边村被清远市人民政府评划为解放战争游击根据地村庄。

　　1948年9月13日，麦永坚率领猛虎队拔掉国民党连县驻地界滩云涛乡航运护卫队后，下坪游击指挥部派江浩、何国光筹建界滩税站，由江浩任站长兼指导员，同时还指定袁秤养带领的民兵班作为税站的武装力量。税站附近草湖村村民丘斌把自己在界滩河边的油榨房一部分让给游击队，用以供税站办公。在部队的直接领导和阳山人民的支持下，界滩税站充分发挥其优越地理优势，对往来商船收税，税款全数上交部队，解决部队的资金问题；协助部队购买武器和药物；搜集情报、传递情报、接送同志；组织发动群众，壮大游击队伍。游击队曾在界滩河段伏击国民党阳山卸任县长黄渊北船队；截获大地主刘晋丰运往广州的大批物资；袭击过国民党连县县长詹宝光的军粮船，缴获大米1.5万公斤。因此，界滩游击区成了连阳两县国民党的眼中钉。

丘斌油榨房——界滩税站遗址（黎埠镇政府供图）

界滩税站位于连江岸边。明嘉靖十年（1531），连县、阳山以连江尾滩即花车滩为界分两县管辖，此滩故得界滩之名。丘斌油榨房原为一排灰沙墙瓦屋，界滩税站是其中一间，现只剩残墙断壁。

1949年1月15日—18日，国民党派阳山县县长李谨彪率领千余人清剿界滩，在碌石磅争夺界滩。而游击队只有麦永坚率领的猛虎队、钟文靖和杨青山武工队、当地民兵共400余人迎战。15日拂晓，国民党各路进剿部队在坑尾会合，包围界滩游击区。游击队利用碌石磅山高林密的有利地形，采取"麻雀战"的战术，伺机发动袭击。最终，国民党反动势力士气低落、供给困难，不得不于1月19日全部撤出界滩。此役，游击队袁北扬、袁球、邹日旺、陈发钦牺牲，多名队员受伤，共毙敌10余人。

1949年2月，界滩税站收集到"国民党企图拔掉界滩税站，进一步清剿界滩、下坪等游击区"的情报后，立即上报司令部，司令部命令税站队员配合游击队和民兵粉碎

碌石磅战斗遗址（黎埠镇政府供图）

敌军清剿计划。19日，李谨彪再次纠集600多人进剿界滩。游击队、武工队和民兵在双丫山、崩江高地据险严阵以待，不让国民党军前进一步。20日，游击队采用"分散作战、打了就走"的作战方法，充分调动对手兵力、牵制对手，最后国民党军毫无所获，于23日撤走。

（供稿：向雪欣；复核：李学森）

清远红色文化村

★ 阳山县岭背镇

山塘村

名片

· 毛鸿筹故居
· 智取山塘

山塘村村貌（许明辉　摄）

　　山塘村，位于岭背镇西部，距镇政府约7千米。村落始建于明朝，由毛姓先祖分支迁入形成。村中民居依山而建，130米长的围墙把整村呈半圆状包围，2012年，山塘村民居和围墙被阳山县人民政府公布为不可移动文物。山塘村是革命先辈毛鸿筹的出生地。

　　1948年8月中旬，连江支队飞雷队顺利挺进阳山，在黄坌乡高陂村与阳山人民武装起义队伍胜利会师后，连续不断地与国民党军发生战斗。根据上级指示，东岳中队向犁头、高峰方向发展，打通与清远游击区的连接通道。犁头当时由国民党犁头乡乡长毛鸿仪和恶霸地主貌信才两大势力占据。1948年12月上旬，为了顺利实现计划和避免队伍的不必要伤亡，也为了不惊动貌信才，东岳中队队长梁呈祥采取"攻心为上"的谋略，独闯毛鸿仪山塘老家，对其开展统战工作，讲清形势，晓以大义，同时进行周密细致的侦察。毛鸿仪经过激烈的思想斗争，最终表示愿意站到人民一边，将他的捷克轻机枪一挺、长短枪二十余支交给东岳中队。由此，东岳中队未费一枪一弹就取得了胜利。随后，东岳中队与冼润泉主力中队配合作战，在连江支队司令员冯光、政委周明的指挥下，成功拔掉貌信才据点。

毛鸿筹（1915—1965），阳山县犁头山塘村人。1938年参加阳山县青年抗敌同志会，1939年加入中国共产党。1944年曾任犁头小学校长，积极动员教师加入革命队伍，后他任犁头乡乡长期间，以加强治安队的名义收拢国民党军队散兵，并将枪支弹药运往小江下坪村，组建下坪抗日武装，支持阳山人民武装起义。1946年受党组织派遣，至韶关曲江县任曲（江）乳（源）仁（化）副特派员。1949年5月调至连江支队第五团政治部工作。1949年12月15日，阳山县人民政府成立，毛鸿筹任副县长。1965年3月病逝，享年50岁。

毛鸿筹故居（岭背镇政府供图）

（供稿：向雪欣；复核：李学森）

后 记

为进一步发掘自然村落普查资料信息价值，结构化开发利用全市自然村落历史人文普查工作成果，助力乡村振兴战略实施，清远市史志办公室计划在"十四五"期间编纂出版"清远名村系列丛书"。丛书编纂按计划分步骤实施，具体安排为：2022年编纂出版《清远历史文化村》，2023年编纂出版《清远红色文化村》，2024年编纂出版《清远美丽乡村》，2025年编纂出版《清远特色产业村》。

经过将近一年的努力，《清远红色文化村》即将付印出版。本书收录的红色文化村，由全市各级地方志工作机构推荐并撰写初稿，由编辑部按照"立足普查、有据可依、特点突出"的原则，对征集的稿件进行再度评选和编撰，并按行政区域排序。本书使用的图片主要采用各地报送的图片。

本书编写责任分工为：清城区、连州市由刘冰负责，清新区、连山壮族瑶族自治县由张嘉莉负责，英德市、连南瑶族自治县由黄春苗负责，佛冈县、阳山县由李仙负责，全书统稿由刘冰、黄春苗负责。各县（市、区）资料员为：清城区朱健明，清新区王敏智、黄雪蓉，英德市周航、张锋，连州市石振明，佛冈县李协湖、朱家佑，连山壮族瑶族自治县李凯，连南瑶族自治县潘俊峰，阳山县向雪欣。

由于编者水平有限，书中难免错漏之处，敬请读者批评指正。

丛书编辑部
2023年9月14日